日《に》本《ほん》神《しん》話《わ》がわかる
神々《かみがみ》のくらし

瓜《う》生《りゅう》中《なか》

まえがき

　ネイティブアメリカンやアラスカのエスキモー、東南アジアの諸民族など、およそ文明を持つ民族は必ず神話を持っている。神話は民族のルーツを示す神々の言動を語る物語であり、もとより史実とは異なるものである。だから、どの話も一見荒《こう》唐《とう》無《む》稽《けい》のフィクションのように捉えられる。しかし、一方でそのフィクションの裏には何らかの史実があったことも事実である。

　神話に登場する神々は実に人間的である。他者と言い争ったり、他者に嫉妬したり、悲しんだり、喜びをあらわにしたりする。これら神々の行動や習慣、情感は、長い年月の間受け継がれ、現代人のくらしの中に根付いている。人間の本性は、技術がいくら発達してもほとんど変わっていないことを、われわれに教えてくれる。

　神話は神々の世界の物語である。しかし、その神々の世界のプロトタイプは人間の世界であり、神々が示す喜怒哀楽の情は人間の情である。とくにギリシャや日本のような多神教の土壌に育った神々は、人格神としての性格が強い。この点、キリスト教のヤーウェやイスラム教のアッラーのような完全無欠の絶対神とは大きく性格が異なる。ギリシャや日本の神々は失恋もすれば、他愛もない悪戯《いたずら》もし、失敗して罰を受けたりもする、とても親しみやすい存在である。

『古事記』や『日本書紀』の神話は天皇家の正統性を世間に知らしめるために作られたもので、とりわけ『日本書紀』はその性格が強い。しかし、スサノオやオオクニヌシ、ヤマトタケルなどは、われわれ普通の人間と変わらぬ情感を遺憾なく発揮しているのである。

長い長いときを隔てていても彼らはわれわれ現代人と変わらぬ情感を吐露していることに驚きの感を禁じ得ない。それと同時に、どこか言い知れぬ安堵を感じるのである。

記紀を中心に「現代のくらしにつながる神々の素朴な姿」を抽出してみた。

瓜生　中

二〇二一年　秋

目次

第一章　現代に続く食文化

第二章　神代から続く生活と教え

第三章　神代から変わらない人情と人の心

本文デザイン・DTP：東京カラーフォト・プロセス株式会社
装幀デザイン：山原 望
本文・カバーイラスト：飯田 研人
企画編集：株式会社童夢

主な神々の系図

〜天地創造から神武《じんむ》天皇まで〜

別天神《ことあまつかみ》：五柱《いつはしら》

天之御中主神《あめのみなかぬしのかみ》など

※別天神は古事記にのみ登場し、日本書紀には記載がない。

神世七代《かみよななよ》：七柱《ななはしら》

※古事記と日本書紀では、登場する神が異なる。

イザナキ ＝ イザナミ

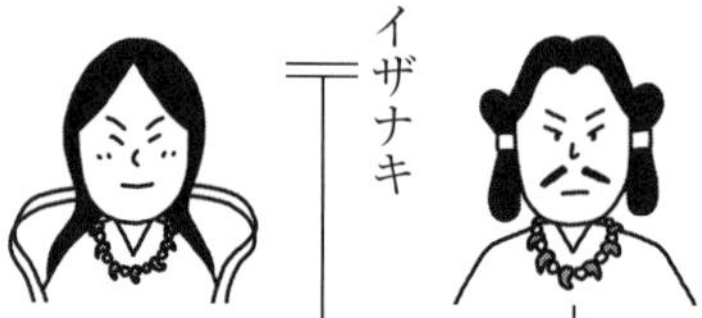

イザナキ・イザナミの子
- 大八島国《おおやしまのくに》や島々
- 山、海、河口などの神
- オオヤマツミ
  - アシナヅチ ＝ テナヅチ
    - クシナダヒメ
- オオワタツミ
- ヒノカグツチ
- タケミカヅチ（ヒノカグツチの血から誕生）

イザナキの子（イザナキの禊《みそぎ》で誕生（128ページ参照））
- ソコツワタツミ　など
- ソコツツノオ　など
- アマテラス
- ツクヨミ
- スサノオ

アマテラス・ツクヨミ・スサノオ：**三貴神**（9ページ参照）

スサノオ ＝ クシナダヒメ
- 〜 オオクニヌシ（10ページ参照）

※省略しているものもある。
※名前の表記は古事記に拠る。

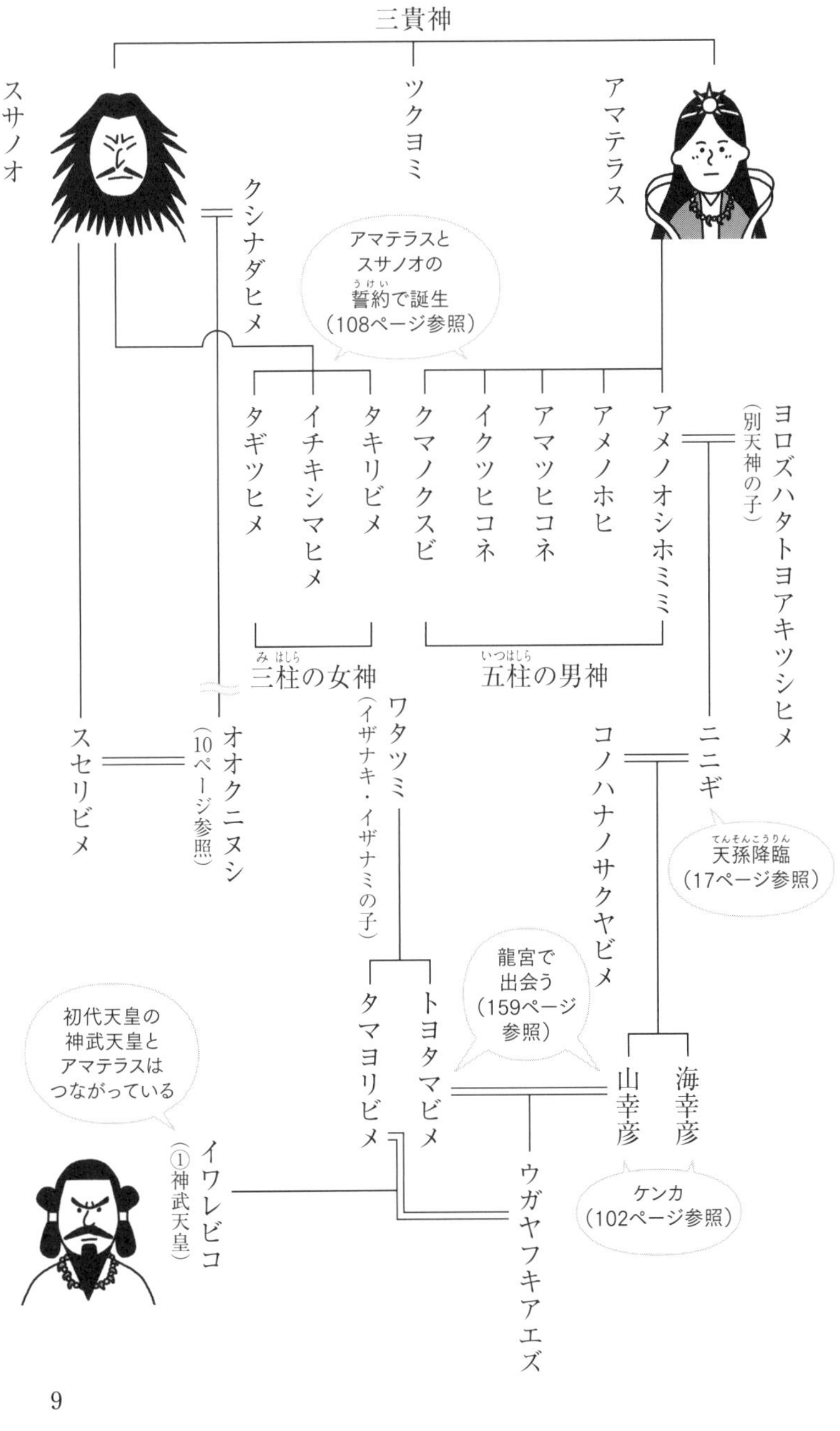
三貴神
スサノオ
ツクヨミ
アマテラス
クシナダヒメ
アマテラスとスサノオの誓約《うけい》で誕生（108ページ参照）
タギツヒメ
イチキシマヒメ
タキリビメ
クマノクスビ
イクツヒコネ
アマツヒコネ
アメノホヒ
アメノオシホミミ
ヨロズハタトヨアキツシヒメ（別天神の子）
三柱《みはしら》の女神
五柱《いつはしら》の男神
スセリビメ
オオクニヌシ（10ページ参照）
ワタツミ（イザナキ・イザナミの子）
コノハナノサクヤビメ
ニニギ
天孫降臨《てんそんこうりん》（17ページ参照）
龍宮で出会う（159ページ参照）
タマヨリビメ
トヨタマビメ
山幸彦
海幸彦
初代天皇の神武天皇とアマテラスはつながっている
イワレビコ（①神武天皇）
ウガヤフキアエズ
ケンカ（102ページ参照）

〜オオクニヌシを中心とした系図〜

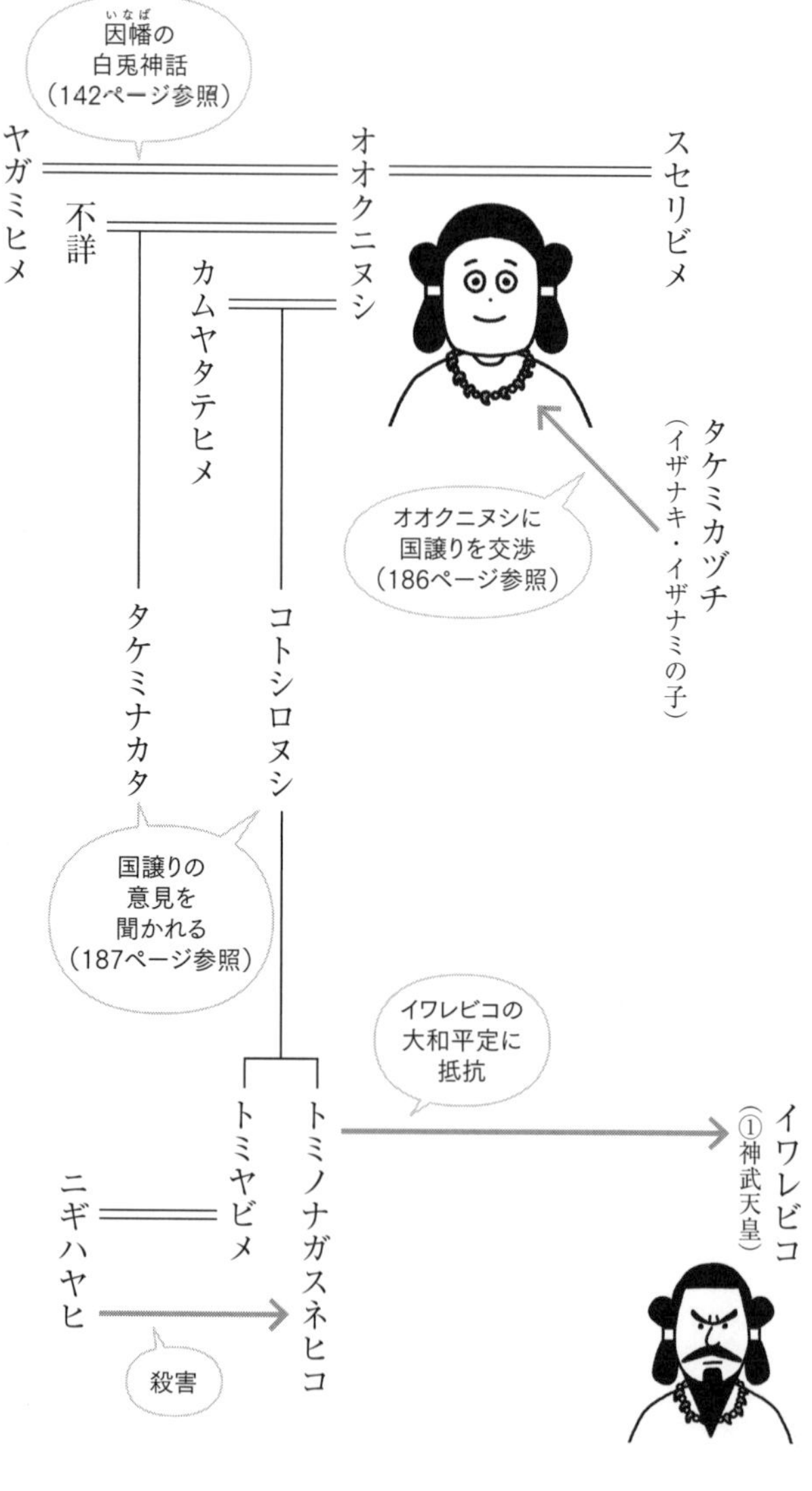
スセリビメ
オオクニヌシ
ヤガミヒメ
因幡《いなば》の白兎神話（142ページ参照）
不詳
カムヤタテヒメ
タケミカヅチ（イザナキ・イザナミの子）
オオクニヌシに国譲りを交渉（186ページ参照）
コトシロヌシ
タケミナカタ
国譲りの意見を聞かれる（187ページ参照）
イワレビコ（①神武天皇）
イワレビコの大和平定に抵抗
トミノナガスネヒコ
トミヤビメ
ニギハヤヒ
殺害

〜天皇の時代〜

※丸数字は皇位についた順番。
※欠史八代（実在しない可能性の高い2代〜9代の天皇）は省略。
※古事記には33代まで、日本書紀には41代まで記載されている。

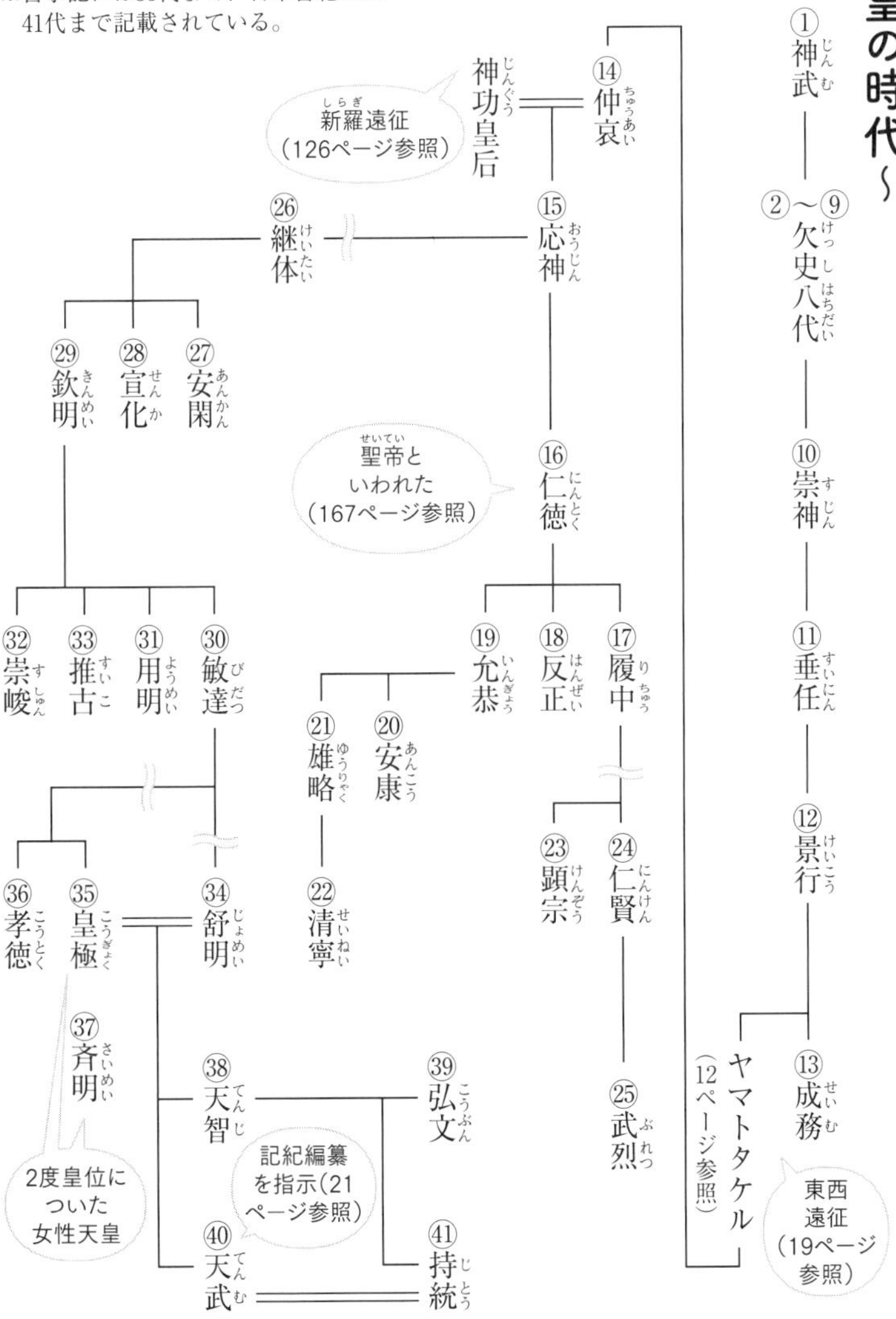

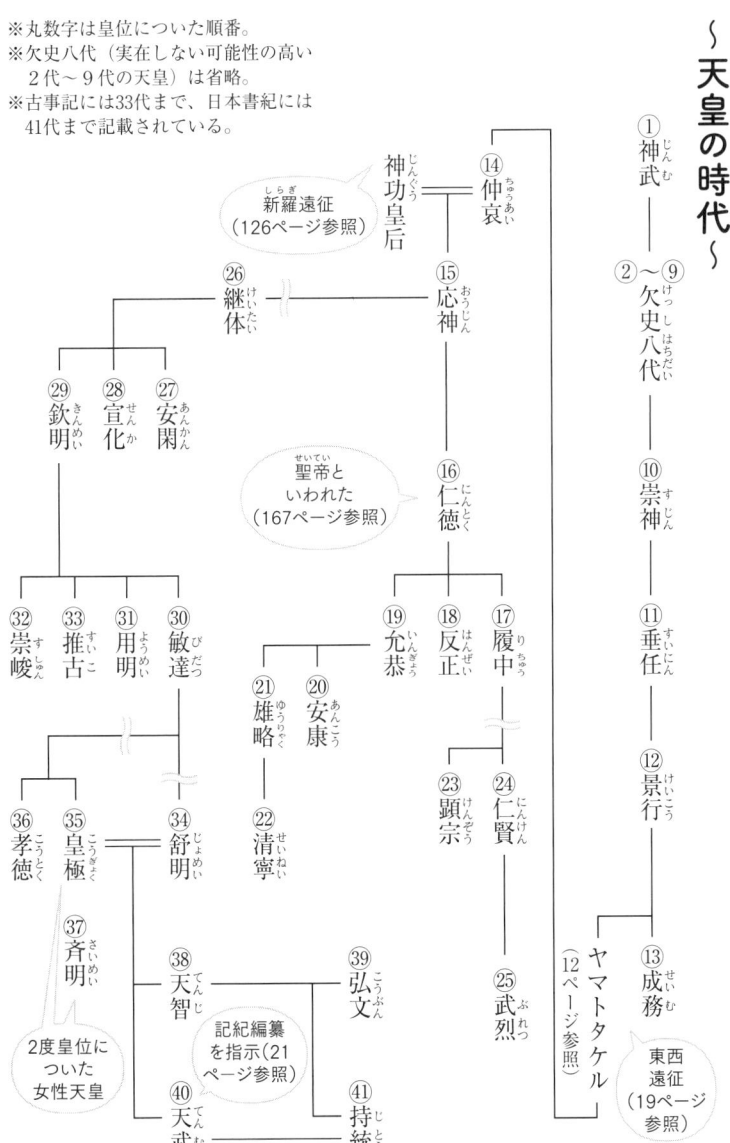

〜ヤマトタケルを中心とした系図〜

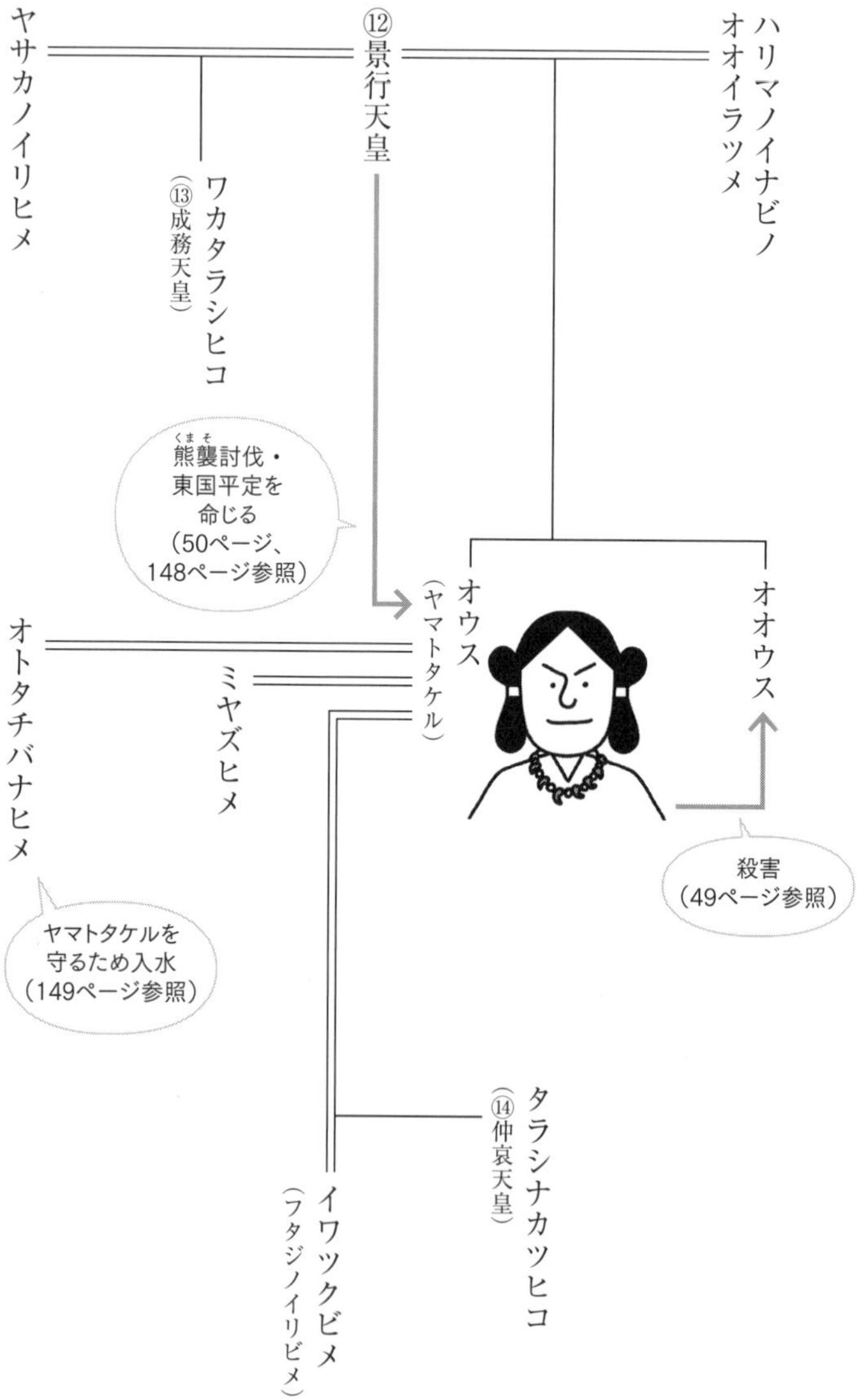
ハリマノイナビノオオイラツメ
⑫景行天皇
ヤサカノイリヒメ
ワカタラシヒコ（⑬成務天皇）
熊襲《くまそ》討伐・東国平定を命じる（50ページ、148ページ参照）
オオウス
オウス（ヤマトタケル）
殺害（49ページ参照）
オトタチバナヒメ
ミヤズヒメ
ヤマトタケルを守るため入水（149ページ参照）
タラシナカツヒコ（⑭仲哀天皇）
イワツクビメ（フタジノイリビメ）

序章

神話を読むための基礎知識

◆神話とは何か

『日本書紀』の冒頭は「古《いにしえ》に天地《あめつち》未《いま》だ剖《わか》れず、陰陽《めお》分《わか》れざりしとき」という言葉ではじまる。この世ができる前は天も地もハッキリとした境目のない混沌とした状態、カオスだったということは世界中の神話に共通した認識である。そして、日本神話ではその混沌とした状態におぼろげながら天地の境目ができ、未だ塩でドロドロとした乳海《にゅうかい》の中に島ができ、陸地になって神々が生まれる。天地開闢《かいびゃく》、すなわち、天地創造から神話の幕が切って落とされるのである。

現代の科学でも、地球は今から約四三億年前に大量の雨が降って海と陸地ができ、海に浮かぶ泡の中からバクテリアのような生物が誕生したと想定されている。インドの神話の中でもラクシュミー（後に仏教に取り入れられて吉祥天《きっしょうてん》となった女神）は海中の泡の中から生まれたとされ、「大海生《たいかいしょう》」と名付けられている。また、ギリシャ神話のアフロディテ（ローマ神話のヴィーナス）も泡から生まれたとされている。

地球の起源や人類の起源については現代の最先端の科学をもってしても完全には解明できないだろう。しかし、人は自分のルーツが分からないままでは安穏な生活、ひいては人生を送ることができない。

そこで創られたのが天地創造の神話だったのである。つまり、神話は有史以前の歴史の空白部分を埋める重要な役割を果たしているのであり、そのことによってわれわれが今を生き、未来を生きるための拠り所となっているのである。世界中の、およそ文明といわれるものを持つすべての民族が神話を持っている理由はそこにある。

キリスト教はユダヤ教の『旧約聖書《きゅうやくせいしょ》』の神話に基づいて教義を展開している。『旧約聖書』の神話は、ユダヤ人の起源とその後の展開を述べた、ユダヤ民族の淵源《えんげん》を示す、民族の神話である。そして、ムハンマド（マホメット、七世紀の人）は自らの信仰を確立する過程で『旧約聖書』に出会い、『コーラン』というイスラム教独自の聖典を作り上げた。イスラム教も『旧約聖書』の多くの部分を共有している。『コーラン』の中で全知全能の神アッラーは自らのことを「我ら」と一人称複数で表現している。「我ら」とはユダヤ教、そしてキリスト教の全知全能の神である「ヤーウェ（エホバ）と私（アッラー）」という意味であると考えられる。このように『旧約聖書』の神話はムスリム（イスラム教徒）にとっても民族の神話ということができるのである。

とくにイスラム教徒は自分たちの民族の神話をよく知っている。読み書きが満足にできない人でも、自分たちの国はこういう風に出来上がり、そこに生まれた祖先はこれこれこういう生活をしてきた、その子孫が今に生きるわれわれである、ということを滔々《とうとう》と述べる。これは日本人が『古事記』や『日本書紀』の名前は知っていてもその内容についてはほとんど知らないか、知っていたとしてもおぼろげながらなのとは大きな違いである。

◆神話は単なる作り話ではない

インド最古の聖典『ヴェーダ』の神話では未だカオスの状態だった世界（宇宙）に現れたヒラニヤガルバという黄金の胎子が描かれている。また、日本や朝鮮の神話では天皇や国王の遠い祖先が天界から降臨したことが語られている。

このような神話の内容は現代人の目から見ればまるで荒唐無稽《こうとうむけい》の作り話と考えられ、恐らく古代の人々の中にもそれをそのまま事実として受け入れない人もいただろう。しかし、神話が発展していく過程において、個々の話は人間が実際に体験した事実に基づいて語られるようになるのであるが、そのストーリーはより神聖な宗教的内容を持たせるためにいわゆる「神話的脚色」が施される。そのような神話的脚色は古代人の好みに合致したものであり、彼らにとっては受け入れやすいものでもあるが、残念ながら良くも悪くも近代的理性を身に付けてしまったわれわれ現代人には荒唐無稽の絵空事《えそらごと》に見えるのである。

たとえば、天孫降臨《てんそんこうりん》の神話では天孫瓊瓊杵尊《ににぎのみこと》（以下、ニニギという）が日向《ひむか》（現在の九州南東部）の高千穂《たかちほ》の峰に降りてくる。ニニギは神ではあるが、そのモデルとなっているのはあくまでも人間である。人間が天上界から降りてくるなどということは現実にはあり得ない話である。しかし、ここで高天原《たかまがはら》（天界）に住む者とは天皇家の祖先で、地上に住む者は出雲族をはじめとするほかの豪族のことだ。そして、この話は天皇家がほかの豪族を圧して大和《やまと》政権を確立した、という史実に基づいているのである。その史実を神話的脚色によって大幅に脚色したものが天孫降臨の神話なのである。

◆神話と伝説はどこが違うのか？

一言でいえば神話は創世（世界のはじまり）を語るもので、そこに登場するのは超人的な神々である。一方、伝説の多くは実在の人物の行状《ぎょうじょう》などについての物語である。『古事記』でいえば「上巻」、『日本書紀』では「神代《かみよ》」が神話に当たる部分で、神武《じんむ》天皇以下の天皇の事跡に関する話は伝説ということになる。

しかし、神話と伝説の違いは必ずしも明確なものではない。前述した定義に従えば第十二代・景行《けいこう》天皇の皇子とされる日本武尊《やまとたけるのみこと》（『日本書紀』での表記。『古事記』では倭建命。以下、ヤマトタケルという）の物語は伝説ということになる。しかし、一般に景行天皇の実在は認められておらず、その子どもが実在したかどうかは定かではない。また、古事記でのヤマトタケルの建（タケル）という名は武勇に優れたものという意味であり、名前自体が大和《やまと》（現在の奈良県）の勇者という意味で固有名詞ではない。そのことからヤマトタケルの物語は神話の範疇に分類することができるだろう。

ただし、前述したように、神話はその話の核として歴史上の出来事を反映している。ヤマトタケルの物語はかつて大和政権になかなか従わなかった九州の熊襲《くまそ》と東国の蝦夷《えみし》に大和政権が手を焼いていた史実を反映しており、そこにヤマトタケルというスーパーヒーローを登場させて熊襲と蝦夷を討つという胸のすくようなストーリーを作り上げたのである。

また、日本の伝説としては「聖徳太子伝説」や「弘法大師伝説」がよく知られている。二人は実在の人物であるが、時代と共に各地の伝説や昔話などが付加されてその人物像が過分に増幅され、もはや神話的なキャラクターに改変されている。また、鎌倉時代以降、両者の伝説が民間に広まると、「太子《たいし》」と「大師《だいし》」は音が共通することから両者は同一視され、同一人物として信仰されるようになった。そこで両者はとてつもない超人に仕立てられることになり、その伝説は多分に神話的色彩を帯びてくるのである。

さらに、神話が先にも述べたように、創世に関わる話など極めて広い地域に及ぶのに対して、伝説はある地域で限定的に伝えられている場合が多い。たとえば、「どこそこの神社はヤマトタケルが東征の折にその成就を祈願した」とか、「弘法大師が小休止をして杖を立てたら霊泉や温泉が湧き出した」、「鳥取県の三徳山三佛寺《みとくさんさんぶつじ》にある『投入堂《なげいれどう》』と呼ばれている、屹立《きつりつ》した岩にへばり付いた建物は、山伏の祖とされる役行者《えんのぎょうじゃ》が麓から山中の洞窟にお堂を投げ入れて造り上げた」、などという伝説が個々の寺社に伝えられている。

鳥取県／三佛寺奥院投入堂
（提供：三徳山三佛寺）

このような伝説の多くはその発信地を求めることが難しいが、旅の僧侶などによって各地に運ばれ、土地土地で修飾や加工がなされた。そして、そのときに元の話にある固有名詞などはぼかして抽象化される。その結果、神話はより雄大で神秘的な内容になっていくのである。

◆『古事記』と『日本書紀』

かつての日本の天皇は古代豪族に圧されて強い指導力を持つことができなかった。しかし、六四五年の「乙巳《いっし》の変《へん》」で天皇を蔑《ないがし》ろにして専横《せんおう》な振る舞いをしていた蘇《そ》我《が》氏を倒し、大化《たいか》の改新《かいしん》を敢行すると、天智《てんじ》天皇（第三十八代）という律令制《りつりょうせい》に支えられた強い天皇が誕生した。これに伴って、天皇家の系譜を明らかにしてほかの豪族たちに知らしめることが喫緊《きっきん》の課題となった。天智天皇は白村江《はくすきのえ》の戦い（新羅《しらぎ》遠征）などに忙殺されて史書の編纂に関わることができなかったが、弟の天武《てんむ》天皇（第四十代）の代に編纂が始まり、元明《げんめい》天皇（第四十三代）の和銅《わどう》五年（七一二）に完成したのが『古事記』である。

『古事記』の「序」において天武天皇は「諸家のもてる帝紀《ていき》及び本辞《ほんじ》、既に正実に違ひ、多く虚偽を加ふと。今の時に当たりてその失《あやまり》を改めずは、未だ幾年をも経ずして其の旨滅びなむとす。これすなはち邦家《ほうか》の経緯、王化《おうか》の鴻基《こうき》なり。故《かれ》これ、帝紀を撰録し、旧辞《きゅうじ》を討覈《とうかく》して、偽《いつわり》を削り実《まこと》を定めて、後葉《のちのよ》に流《つた》へむと欲《おも》ふ」と述べている。

『帝紀』とは初代神武天皇から第三十三代・推古《すいこ》天皇までの事跡などを記したもの。『旧辞』は国家と皇室の起源や宮廷内の物語などをつづったものである。これらの制作には蘇我氏などの有力な豪族が関わった結果、彼らにとって都合のいい、事実とは異なった話が混入していて、近いうちに真実が失われてしまう恐れがある。だから、新たに『帝紀』や『旧辞』を編纂して真実を伝える必要がある、ということである。

こうしてできたのが『古事記』で、その編纂に当たって稗田阿礼《ひえだのあれ》*1という舎人《とねり》（警備や雑用《ぞうよう》に当たる下級役人）が天武天皇に誦《よ》み

習いを命じられ内容を語り、それを太安万侶《おおのやすまろ》が筆録したという。稗田阿礼については実在性を疑う向きもあるが、身分は低くとも聡明利発で優れた記憶力を持った青年で、朝廷に仕える語り部の一人だったと考えられている。

一方、『日本書紀』については「序文」などがないため、書紀自体からは完成の年代は分からない。成立については、『日本書紀』の後を受けて平安時代はじめの第五十代・桓武《かんむ》天皇までの事跡をつづった『続日本紀《しょくにほんぎ》』に、養老《ようろう》四年（七二〇）に完成したことが述べられており、一般的にはこの年をもって『日本書紀』が完成したとする。

『日本書紀』は第四十一代・持統《じとう》天皇までの事跡をつづったものであるが、その後、『続日本紀』『日本後紀《こうき》』『続日本後紀』『文徳《もんとく》天皇実録』『日本三代実録』と、都合六つの史書が編纂されて第五十八代・光孝《こうこう》天皇（八八四年〜八八七年在位）までの天皇の事跡を述べている。後世、この六つの史書は「六国史《りっこくし》」と呼ばれ日本の「正《せい》史《し》」、すなわち公式の歴史として重んじられた。

明治維新以降、国家神道《こっかしんとう》が国是とされると、とりわけ『日本書紀』は重要視され、その神話の部分までも史実として教えられた。また、『日本書紀』の記述は絶対的で、それに異をとなえることは許されなかった。たとえば、仏教伝来について、今は欽《きん》明《めい》天皇の七年（五三八）とするのが定説になっている。しかし、『日本書紀』には欽明天皇の一三年、西暦換算で五五二年と記されている。もともと『日本書紀』は年号の誤りの多い史書で、戦前からその誤りが指摘されていたが、これを誤りとして五三八年説をとなえることはできなかった。異説をとなえた学者は不敬罪《ふけいざい》に問われて処罰されたのである。

先にも述べたように『日本書紀』には序文などがなく、その成立の経緯についてハッキリしたことは分からない。ただし、『日本書紀』には天武天皇の一〇年（六八一）に第二皇子の川島皇子《かわしまのおうじ》以下一二人に『帝紀』及び『旧辞』の編纂を命じたことが記されており、この年以降に編纂が始まったとするのが有力な説になっている。

つまり、『古事記』とともに天武天皇の命で編纂が開始されたのであり、両史書の制作は並行して行われていたと考えられる。なぜ、同じような歴史書が同時に作られたかについては諸説ある。一つには『古事記』が人物や国の逸話などを中心とした「紀伝体《きでんたい》」で書かれているのに対して、『日本書紀』は出来事を年代順に書いた「編年体《へんねんたい》」であるということが挙げられている。このことから、『古事記』では物語性の強い神話の部分が詳しく述べられ、天皇の事跡については極簡単に触れている程度である。一方、『日本書紀』では初代現人神《あらひとがみ》・神武天皇に直結する神話については極簡単に触れているだけだが、それより後代の天皇については詳細に述べられている。

この点について本居宣長《もとおりのりなが》は、『古事記』は文学的情緒に優れ、その中に日本人の素朴な精神が吐露されているとして高く評価した。文学性が高いということは虚構性が高いということで、それだけ史実からは遠ざかることになる。この難点を補うために企画されたのが編年体の正史としての『日本書紀』だったと考えられる。

また、『古事記』は天武天皇が、各地の古老が伝える伝説や説話などが散逸しないように書き留めておくよう命じたものであるとされ、天皇の事跡とともに「上古の諸事」の内容の収録に力を入れた。これは『古事記』が完成した翌年に編纂が命じられた「風土記《ふどき》」と趣旨を同じくするものである。その結果、『古事記』の神話の部分は詳しく記され、『日本書紀』は神話の部分が貧弱で天皇の事跡（『帝紀』）が詳しく書かれることになったのだろう。

また、一説には『日本書紀』は朝鮮や中国に日本の権威を示すために書かれたともいわれている。『古事記』は日本人に読みやすいように純正の漢文を組み替えて万葉仮名《まんようがな》を交えたいわゆる「日本漢文体」という文章でつづられているのに対して、『日本書紀』は漢文の中でも最も格調が高いといわれる「四六駢儷体《しろくべんれいたい》*2」という文体が採用されている。これは中国や朝鮮を意識してのことという説もある。

＊1　稗田阿礼

『古事記』の「序」には「時に舎人有りき。姓は稗田、名は阿礼、年はこれ廿八。人と為り聡明にして、目に度《わた》れば口に誦み、耳に拂《ふ》るれば心に勒《しる》しき。すなはち、阿礼に勅語して帝皇《すめらみこと》の日継及び先代旧辞《さきつよのふること》を誦み習はしめたまひき」とある。稗田阿礼は二八歳で、舎人という低い身分であったが極めて聡明利発で見聞きしたことは即座に暗記することができたという。一般に舎人は男性の職掌であるが、稗田阿礼は女性だったという説もある。この説は民俗学者の柳田國男がとなえたもので支持する学者も多い。また、阿礼は天皇の事跡や神話、伝説などを伝承する語部だったと考えられている。語部は文字の使われる以前に重要な役割を果たし、現存する日本最古の歴史書である『古事記』も語部の記憶に頼ったのである。

＊2　四六駢儷体

「駢儷」とは語句を対句の形式で並べること。主として四字、六字からなる一句を対句にした流麗な文章で、漢代に起こり唐代に流行した。日本では奈良時代から平安時代にかけて盛んに用いられた。

◆記紀以外の神話

記紀以外に神話を掲載している代表的な書物は「風土記」である。風土記は『古事記』成立の翌年の和銅《わどう》六年（七一三）、第四十三代・元明天皇の勅命《ちょくめい》で編纂されたもので、当時、六〇余りあった国々の地勢や産物、風土、土地の肥沃《ひよく》度、古老の伝える伝説などを収録している。現在、『出雲国《いずものくに》風土記』だけがほぼ完全な形で残されているほか、『常陸国《ひたちのくに》風土記』『播磨国《はりまのくに》風土記』『豊後国《ぶんごのくに》風土記』『肥前国《ひぜんのくに》風土記』がまとまった形で残っている。そのほか四十数カ国余りの風土記

が逸文《いつぶん》（他の書物に一部が引用されているだけの文章）として後世の書物に引用されている。

六四五年の乙巳の変を経て大化の改新が敢行され、律令制が確立して中央集権国家が形成された。そして、天智、天武という日本の歴史上はじめての強い指導力を持つ天皇が誕生したのである。そこで、その天皇の権威を広く知らしめようとすることが記紀編纂の目的だった。そして、中央集権国家の中核である大和朝廷は租庸《そよう》調《ちょう》の租税の徴収のため、土地の肥沃度や特産物、各地の人々の気性などを把握しておく必要があった。そのため、風土記を作ることになったのである。その中で各地の伝説や昔話などを収集し、それらは同時に進行していただろう『古事記』の神話として生まれ変わったと考えられる。

しかし、風土記の中には『古事記』に採用されなかった神話、伝説が多く収録されてお

り、記紀の神話には登場しない神の名や事跡が語られている。たとえば、『出雲国風土記』では、八束水臣津野命《やつかみずおみつののみこと》という神が登場し、この神が朝鮮半島の岬などに綱をかけて引き寄せ出雲国を造ったという、「国引《くにび》き神話」が掲載されている。また『常陸国風土記』には、ヤマトタケルが「常陸国」という国名の名づけの親であるという話が掲載されている。さらに『播磨国風土記』には、この国を治めていた伊和大《いわのおお》神《かみ》という神が食べる飯にカビが生えてしまい、そのカビ（麹《こうじ》）を飯に混ぜて神酒《みき》を造った話が掲載されている。そして、これが麹を使って醸造された酒の起源であると述べられている。

このように各地の風土記には、その土地に古くから伝えられた神話や伝説が、脚色を加えられない原型に近い形で掲載されているのである。また、現在、各地の神社に鎮座している神の名はほとんどが記紀の中で命名されたものである。風土記には前述した伊和大神のようにその土地に太古の昔から鎮座する土着の神が登場するが、これら土着の神々の多くは記紀の神話の中で天照大御神《あまてらすおおみかみ》（以下、アマテラスという）を頂点とする神々のパンテオンの中に編入され、名前も変更されたのである。

記紀には見られない神話や史実を掲載したものには風土記のほかに「家伝《かでん》」があ

る。これは藤原氏など有力な氏族の歴史をつづったもので、天皇家の歴史を記した『帝紀』や『旧辞』もこのジャンルに入る。家伝は各氏族で古くから作られており、記紀には掲載されていない神話や伝説、さらには歴史的事実などが記されている。その意味で古代史を知る上で貴重な資料を提供している。

律令制の下で家伝は朝廷が収集し管理していたが、とくに渡来人《とらいじん》系の氏族の中には、日本生え抜きで皇室との関わりが深いなどと系譜を改竄《かいざん》、粉飾する傾向があった。このようなことは渡来人以外の氏族にも見られたことから、平安時代の初期に嵯峨《さが》天皇が『新撰姓氏録《しんせんしょうじろく》』という氏族名鑑の編纂を命じた。そして弘仁《こうにん》六年（八一五）に完成し、改竄や粉飾を正したとされる。

家伝は公表されないのが原則だった。公表すると、たとえば藤原氏のように、今は隆盛を極めていてもかつては新興の氏族でそこから成り上がったことが分かってしまうからである。しかし、平安時代のはじめに斎部広成《いんべのひろなり》という人物が斎部氏の家伝（後に『古語拾遺《こごしゅうい》』と名付けられた）を編纂し、天皇に献上した。斎部氏は古代から由緒ある氏族（貴族）だったが、奈良時代になると中臣氏《なかとみ》（藤原氏）の台頭によって低い身分に甘んじることになった。そのため、奈良時代から「中臣・斎部相《そう》訴《そ》」という紛争が続いていた。この紛争に対して天皇の勅裁《ちょくさい》（天皇の裁決）を仰ごうと考えた斎部広成は、その裁決の証拠資料として『古語拾遺』を完成させたと考えられている。

先に述べたように斎部氏は古代天皇の時代から朝廷の神事や祭典を司り、物部氏《もののべ》などと並んで最も有力な氏族だったが、藤原氏の台頭により奈良時代を通じて地位が低下していった。『古語拾遺』を完成させた斎部広成が翌年の大同《だいどう》三年（八〇八）、ようやく正六位上《しょうろくいじょう》から従五位下《じゅごいげ》に昇格することができたのである。

これも風土記と同じであるが、記紀には家伝の神話や伝説を改変、脚色して編入しているケースもあると考えられる。記紀、とりわけ『日本書紀』は天皇家の家伝を発展させたものだが、これには家伝に劣らず大々的な脚色や粉飾があったことはいうまでもない。このように自家の歴史や系譜をより格式あるものに高めてその権威をアピールするのは人間の本性ということができよう。

また、家伝や記紀は成立以降、何度となく書写が繰り返され、江戸時代に至るまで作り続けられた。そして、程度の差はあってもその度に書き換えが行われたことは想像に難くない。つまり、その時代の歴史認識に即して都合の良いことを書き加え不都合なことは削除するという作業が連綿と続けられたものと考えられる。このような事情の下、記紀の研究は風土記や家伝など、他の複数の史書と対比して行われており、一般の読者はその成果を手に取ることができる。いずれにしても記紀などの神話や伝説に触れるときには批判的精神を持つことが重要であり、それによってその話の原型を見極めようとする態度が重要になってくるだろう。

◆古寺社の伝承

由緒ある神社仏閣の縁起《えんぎ》にも、必ずと言っていいほど神話や伝説が掲載されている。たとえば宮崎県の高千穂《たかちほ》神社の縁起では、天地から降臨したニニギら六柱《むはしら》を高《たか》千穂皇神《ちほのすめがみ》として祀《まつ》ったことが始まりとされている。

また、日本最古の神社とされる大神《おおみわ》神社では、祭神である大物主神《おおものぬしのかみ》は三輪山《みわやま》にいるとされており、本殿は設けられていない。これは『古事記』にある、大物主神が大国主神《おおくにぬしのかみ》（以下、オオクニヌシという）に、自分を三輪山に祀るよう望んだエピソードに由来する。

この話は記紀の神話に見える話を創祀の起源に結び付けたものであるが、三輪山周辺には記紀以前からこのような話が伝承されており、逆にその話を記紀が採用したと考えられる。

さらに、滋賀県の多賀《たが》大社の祭神は伊邪那岐命《いざなきのみこと》（以下、イザナキという）、伊邪那美命《いざなみのみこと》（以下、イザナミという）の二神である。イザナキはいつまでも駄々をこねて言うことを聞かない息子の須佐之男命《すさのおのみこと》（以下、スサノオという）に愛想をつかして勘当し、自分は隠《いん》棲《せい》する安住の地を求めた。そして、近くにある本宮山《ほんぐうざん》（多賀大社の奥社）に降臨し、その後、多賀大社に鎮まったと伝えられている。『古事記』には「伊邪那岐大神は淡海《おうみ》（近江）の多賀に坐《いま》すなり」と、イザナキが多賀大社に鎮座したことが記されており、多賀大社の縁起とリンクしている。このほかにも記紀の神話と寺社の縁起がリンクしている例は多い。

滋賀県／多賀大社（提供：多賀大社）

◆「神仏習合《しんぶつしゅうごう》」の普及によって縁起は書き換えられた

もともとは神話的な内容が希薄だった寺社の縁起もある。しかし、平安時代の中ごろに「神仏習合」とそれに基づく「本地垂迹説《ほんじすいじゃくせつ》」が普及したことにより、それらの縁起は書き換えられ、新たな伝説や神話的な話が付加されることになった。

そもそも、神仏習合と本地垂迹説とは何か。

五三八年に仏教が伝来すると、日本の古くからの神々にインドの仏、菩薩が加わった。はじめ、日本の神とインドの仏は不協和音を生じたが、間もなく接近しだした。奈良時代以降はインドの仏、菩薩は日本の神の仲間と見なされるようになり、平安時代以降は神仏が渾然《こんぜん》と信仰されることになった。このような日本独自の信仰形態を「神仏習合」と呼んでいる。現在でも、一軒の家の中に神棚と仏壇が両方ある、というケースは少なくない。これは神仏習合の名残である。

本地垂迹説の「本地」とはモノの本体、「垂迹」はそれに常に付き従う影のような存在である。言い方を変えれば「本地」は親分、「垂迹」は子分である。神仏習合は時代と共に進展し、平安時代の中ごろには佳境に入った。そして、そのころから日本の神はインドの仏、菩薩（本地）が現した仮の姿（垂迹）であるという説が確立して一気に普及した。これが「本地垂迹説」だ。

インドからやって来た仏はまだ日本に来てから日が浅いから、親しみが薄くて何となく願い事をしづらい。そこで、古くから親しんでいる日本の神が前面に出て願い事を聞き、奥に控えている親分の仏に、子分である日本の神が報告して、助けてもらおうというのである。このような考え方を「仏主神従《ぶっしゅしんじゅう》」といい、仏が主人で神がそれに従うのである。

平安時代の中期以降、明治のいわゆる「神仏分離」政策によってこのような信仰が禁止されるまでは、本地垂迹説は日本人の信仰の主流として栄えた。

神仏習合時代（江戸時代まで）は神社と寺院は渾然として祀られていた。たとえば、日光は今では二荒山《ふたらさん》神社と東照宮、そして、輪王寺《りんのうじ》の「二社一寺」といわれてそれぞれ独立した宗教法人になっている。しかし、かつては「日光山」と呼ばれて神と仏が一緒くたに祀られ、信仰されていたのである。

また、藤原氏の祖神《そしん》を祀る奈良の春日大社と藤原氏の氏寺である興福寺も、一体となって信仰されていた。そして、春日大社の祭神は興福寺の南円堂に祀られている不空羂索観音《ふくうけんじゃくかんのん》を本地仏《ほんじぶつ》として、春日大明神《だいみょうじん》と呼ばれるようになった。

このように時代が下ると日本の神と仏は接近し、その礼拝の対象は神仏いずれともつかない性格を帯びるようになったのである。その結果、縁起は新たな伝説や神話的な話が付加され、書き換えられていった。そして、このような伝説や神話は旅の僧などによって遠くまで運ばれた。各地の寺社の縁起に、同じような筋書きの話が少なからず含まれているのはそのためである。

ここまで見てきたように、記紀以外にも風土記や家伝、古寺社の縁起などに伝説や神話的な話が多く見られる。そして、それらの話はある種の類型に整理できることも少なくない。古寺社の伝説や説話はその寺社のある風土や文化に即して作られたものが多いが、記紀の神話の中には寺社の縁起などの話をより普遍性のある話にまとめたものもある。これらの話を読み比べて、その中に一貫して通る柱を見出すことで、神話に対する理解も深まり、より興味深いものになる。

第一章

現代に続く食文化

一つ釜の飯を食う
――イザナキとイザナミのやり取り

高天原《たかまがはら》（天界）の天之御中主神《あめのみなかぬしのかみ》ら三柱《みはしら》の神々に国造りを命じられた伊邪那岐命《いざなきのみこと》（以下、イザナキという）・伊邪那美命《いざなみのみこと》（以下、イザナミという）の両神は、天界と下界の中間にある「天浮橋《あめのうきはし》」に立って、未だ固まっていない乳海《にゅうかい》を「天沼矛《あめのぬぼこ》」でかき回した。すると、沼矛の先からドロドロとした塩が滴り落ちて、オノゴロ島という最初の島が出来上がった。

二神はこの島に降り立ち、夫婦の交わりをして次々と国土を形成し、畿内と四国、九州などからなる「大八島国《おおやしまのくに》」（天皇が統治する日本の国土）を作り上げた。大八島国を完成させた二神は、今度はそこで活躍するさまざまな神々を生んだ。このようにして、イザナキとイザナミは国生みと神生みに励んだが、最後に火の神を生ん

一つ釜の飯を食う

イザナキとイザナミのやり取り

だとき、イザナミはホト（女陰《じょいん》）を火傷し、それが原因で間もなく亡くなることになる。残されたイザナキは深い悲しみに沈み、日々亡き妻を思っては涙に暮れていた。そして、しばらくそんな生活をするうちに、黄泉国《よみのくに》（死者の国）にイザナミを訪ねてみようと思うようになり、あるとき、意を決して黄泉国を訪問した。

御殿から出迎えたイザナキがイザナミに会うと、そこでイザナキは「まだ国作りは終わっていません。現世に帰りましょう」と言った。するとイザナミは「わたしは、もう黄泉国の食べ物を食べてしまいました。でもわざわざ訪ねてきてくださったので帰りたいと思います。黄泉国の神と相談しますから、その間、どうか姿を見ないでください」と言って引き下がった。

このように言われたイザナキはしばらくその場に立ち尽くしていた。しかし、あまりに長い時間に待ちきれなくなり、髪に挿していた爪櫛《つまぐし》の歯を一本折り、それに火を灯して御簾《みす》の中を覗いてみた。すると、そこには腐乱して無数のウジがわき、八種の雷神がからまる世にも恐ろしいイザナミの姿があった。

このおどろおどろしい光景を目の当たりにしたイザナキはそれこそ百年の恋も冷めて一目散に逃げだした。これに対してイザナミは、見ないでくれと戒《いまし》めたにもかかわらず自分の姿を見たイザナキに腹を立て、醜く残忍な地獄の使者たちに命じてイザナキを追わせた。使者たちは執拗にイザナキを追跡し、最後にはイザナミ自ら追跡に加わった。しかし、イザナキはやっとのことでこれを逃れることができた。脱出したイザナキは、千引石《ちびきのいわ》という千人がかりでやっと動かせるような大岩で黄泉国の入り口を塞いでしまった。

このとき黄泉国の入り口まで追いかけて来たイザナミは「あなたがそんな仕打ちをなさるのなら、私はあなたの治める国の民を一日に一〇〇〇人絞め殺しましょう！」と怒り狂って叫んだ。一方、イザナキは「お前がそんな酷いことを

するなら、私は毎日一五〇〇人の子どもが生まれるようにしよう」と応えた。以降、この世では毎日五〇〇人ずつ人口が増えるようになったという。

◆一つ釜の飯を食うという考え

イザナミはもう黄泉国の食べ物を食べてしまったから現世には戻れないと言った。これは最近ではあまり言われなくなったが「一つ釜の飯を食う」ということではないかと考えられる。古来、日本には家族や親戚縁者などで同じ食事をすることによって同族となるという考え方があった。

祭のときには神饌《しんせん》（神に供える神聖な食事）を供え、氏子《うじこ》たちも同じものをいただく直会《なおらい》が、今もどこの神社でも行われている。今は直会というと祭の後の打ち上げのように思われていて、神饌とは別にそれこそ和洋中華いろいろなものを食べているが、神に供えた神饌と同じものを神とともに食べるのが本来である。

人と神が同じものを食べることを神人共食《しんじんきょうしょく》といい、そうすることによって神のエネルギーを体内に取り込む効果があると考えられている。直会では神の御下がりを食べると思われている節があるが、本義としては、氏子たちが神前に参集して神とともに食べるのである。

神と人間が一緒に食べるといっても先に食べるのはもちろん神である。神が召し上がったことを確認してから氏子などが食べる。そして、このとき神に対して「いただきます」と言うのである。しかし、神が神饌に手を付けたことはどうやって知るのだろうか。これについてはいろいろな方法があるようだが、静岡県のある神社では次のようにして神が食べ始めたことを知るのだという。

木製の椀に熱い吸い物などを入れて蓋をして神前に供え、一同、しばし沈黙を保ち神に供えた椀に全神経を傾ける。そうしていると木製の椀が膨張して蓋がずれる微かな音が聞こえる。その音が聞こえると、それ！　神さまが召し上がったというわけで、氏子たちも一斉に「いただきます」と言って食べ始めるのだという。

また、神饌の場合は文字通り「一つ釜」で飯を炊く。今も一斗炊きとか四斗炊きなどというとんでもない大きな釜で飯を炊いているところがある。一斗は約一八リットル、生米の重さにして約一五キロ、言うまでもないがスーパーなどで売っている一〇キロ入りの米袋一つ半だ。四斗炊きなら六〇キロで米俵一俵分である。このような一つの大釜で炊いた飯を数十人、あるいは百人以上で神とともに食べて氏子一同の連帯を高めるのである。

また、神酒《みき》についても、一つ釜で焚き上げた米飯を一つの甕《かめ》で醸造したものを飲む。伊勢神宮には酒の神を祀《まつ》る御酒殿《みさかどの》という社があり、かつては実際にここで酒を醸造していた（しかし、今では伊勢神宮ですら他所で造られた神酒を御酒殿に供えており、まして一般の神社では酒造法の関係もあって自家醸造は行っていない）。

そして、一つ釜の飯を食うということは、氏神《うじがみ》を中心とした共同体（ムラ）の同族になることを意味する。共同体の一員になれば何らかの役割を負わされ、そこには責任も生じるのである。日本はムラ社会を中心とした国家であり、その状況はすでに記紀が編纂された当時には形成されていたと考えられる。ということは、事情はともあれ、おいそれと一つ釜の飯を食べたムラを放擲《ほうてき》して、のこのこ出て行くことはできないのである。

◆大伴家持《おおとものやかもち》と一つ釜の飯

能登半島の中央に位置する気多大社《けたたいしゃ》という古社は、大伴家持が参拝した社として知られている。奈良時代の貴族で歌人としても名高い大伴家持（七一八～七八五）

が越守《えつのかみ》、つまり、越国《こしのくに》（現在の福井、石川、富山、新潟にまたがる地域）の国司《こくし》をしていたときに、この神社に参拝したのである。当時の律令《りつりょう》制度で、各国の国司は国内の主要な神社、五、六社を毎年参拝することが義務になっていた。

平安時代の法令書である『延喜式《えんぎしき》』などによると、参拝の目的は中央政府（朝廷）から送られて来た種籾《たねもみ》を主要な五、六社に配ることにあった。そして、その主要な神社には国内の神社が種籾を受け取りに訪れ、各神社には農民が種籾を取りに行き、春の苗代作《なわしろづく》りのときには朝廷から賜った種籾を自分たちの播種《はしゅ》用の種籾《たねもみ》に混ぜて播くのである。

つまり、天皇が食べる米を作った同じ田から採れた種籾を農民各自の種籾に混ぜて米を作ることによって天皇と同じ米を食べ、国民の同族意識を高めようとしたのである。大化の改新以降、日本の国体《こくたい》（国のあるべき姿）は天照大御神《あまてらすおおみかみ》（以下、アマテラスという）の子孫（歴代天皇）が国を治めることに求められ、国民は天皇の子、あるいは家族という考え方が浮上してきた。かつて笹川良一《ささかわりょういち》が「世界は一家、人類はみな兄弟」と言っていたのはこのような考えに由来するのだろう。

だから、国司が種籾を配って歩くのは国民の同族意識を高めて中央集権制度を確立するために極めて重要な役割だった。つまり、家族や特定の仲間が一つ釜の飯を食べて同族意識を高めるということが国家全体に及ぶ壮大なものになったのである。

しかし、この制度はあまり国民の理解を得ることはできなかったようで、しかも、平安時代に律令制度が緩むと有名無実のものになった。平安時代になるといわゆる「不良国司」が増えて与えられた国司の役目を忠実に務めるものが少なくなった。都から遠く離れた地に遣わされた国司たちの中には、不自由な生活を強いられる見返りに農民から高率の租税を取り立てたり賄賂を取ったりして蓄財に専念し、公務は可能な限り手抜きをしようとするものが多かった。

だから、国内を巡って種籾を届けるなどという手間のかかる仕事にはサボタージュを決め込んだのである。それで、国司たちは主要な神社に種籾を国府《こくふ》（今でいう道府県庁）まで取りに来るように命じたが、神社の方では不良国司をバカにして多忙などを理由に受け取りに来ない。そこで、苦肉の策で国府の敷地内や隣接した土地に小さな社を設《しつら》えて国内の主要な神社を祀り、そこに中央から送られた種籾を供えてお茶を濁した。平安時代の後半になると、このような国府の敷地内などに祀られた神社を「総社《そうじゃ》」と呼ぶようになった。これも『延喜式』などに書かれている。

国司が頒布した種籾は国家規模の一つ釜の飯になるはずだったのである。

◆今も見られる同族意識

古今東西を問わずどの民族もさまざまな形で同族意識を持っている。そして、当然のことながら日本人も固有の同族意識を持っているのである。日本人は縄文時代から数戸、あるいは数十戸の単位でムラ（共同体）を形成してきた。そして、ムラの祖先の霊と、近くの山や川、木や岩などの自然物に宿るとされる精霊とが融合したものを氏神として崇め、氏神のもとに結束を固めて同族意識を育んできたのである。

中国人の同族意識が家族を中心とするものだったのに対して、日本人はムラ（共同体）を中心として同族意識を形成してきた。だから、日本の歴史学の巨星・津田《つだ》左右吉《そうきち》が指摘しているように、孔子が創始した儒教は家族を中心とする道徳律で、ムラを中心として同族意識を保ってきた日本民族にはそぐわないものだったのである。ただ、中世以降、台頭してきた武士階級は家族、血縁を重んじたことから儒教が彼らの志向にマッチしたのであるが、武士以外の日本人には受け入れがたい思想だった。

中国人の一つ釜の飯は言うまでもなく家族を中心としているのに対して、日本では共同体が家族に優先するのであり、一つ釜の飯も共同体を単位としたものである。ここに日本人特有の同族意識が見られる。

このような家族以外の集団に対する同族意識は太平洋戦争中に流行した「同期の桜」という軍歌にも象徴的に表れている。この歌は激戦期に特攻隊に駆り出された予科練《よかれん》（海軍飛行予科練習生の略）の兵士が華々しく散っていく姿を桜にたとえたもので、特に特攻隊員の中で流行したそうである。この同期の桜も当然のことながら一つ釜の飯を食べたのである。

そして、「同期の桜」や「一つ釜の飯を食った仲」という言葉は終戦後、高度成長の時代にもよく使われた。同じ会社に在籍することに同族意識を持ち、中でも同期入社の者同士はさらに強い同族意識を抱いて結束したのである。今ではどちらもあまり耳にしなくなったが、若い人でも「同期」という言葉はよく使うようで、同期には特別の同族意識を持っているらしい。「一つ釜の飯を食った仲」という言葉こそ廃れつつあるものの、ある特定の集団に対する同族意識はまだまだ日本人のなかでは健在のようである。

家族そろって食事をする
――食事の席に着かなかったヤマトタケルの兄

日本武尊《やまとたけるのみこと》（『日本書紀』での表記。『古事記』では倭建命。以下、ヤマトタケルという）は元の名前を小碓尊《おうすのみこと》（以下、オウスという）といい、大碓皇子《おおうすのみこ》（以下、オオウスという）という兄がいた。兄は陰険な性格で、かつて父の景行《けいこう》天皇の后《きさき》候補を横取りするなど、父との折り合いも良くなかった（九五ページ参照）。もともと引き籠りがちなところもあり、家族と一緒の食事の席に着こうとしなかった。

オオウスが朝晩の食事の席に来ないので、父の景行天皇がオウスに兄を諭すよう命じた。しかし、五日経ってもオオウスは顔を出さないので、景行天皇は再びオウスに、兄はどうしたかと尋ねた。するとオウスは、「とっくに諭しました。厠《かわや》で兄を待ち伏せして、手足をもぎ取って菰《こも》に包んで投げ捨てました」と答えた。

これを聞いた父の景行天皇は驚きを隠せなかったが、それと同時にまだ少年のオウスにそんな荒々しさがあることに気づいた。そして、かねて懸案だった熊襲《くまそ》（九州南部に拠点を置いていた種族）成敗に打ってつけの人材と考え、九州への遠征を命ずることになるのである。

古代の天皇家の食卓の状況は分からないが、前述の話では少なくとも景行天皇は一家の主として息子が食事に同席しないことを戒《いまし》めているのであり、天皇一家が日常的にそろって食事をしていたことを示唆している。

ちなみに景行天皇や、その息子であるヤマトタケルについて、現在の研究では実在が疑われている。ただ、記紀が編纂された奈良時代のはじめには、家族が一緒に食事をするということは当たり前の

習慣になっていたのだろう。

◆家族一緒の食事に黄信号

家族で一緒に食事をすることは日本ばかりではなく、世界共通の習慣だった。日本でも戦後のある時期まで家族そろって食事をするというのは当たり前の光景だった。住宅事情が極めて悪かった昭和三〇年代ぐらいには六畳一間で小さなちゃぶ台を囲んで五人も六人もで一緒に食事をしていた。特に夕食の時までには必ず帰って来て食事の席に着くというのががどこの家にも共通の掟だった。

電子レンジもない時代には一緒に食事をすれば熱効率も良く、家事の手間が省けるというメリットもあった。しかし何よりも、食事をしながらの一家団欒は家族の絆を強め、家族一人一人の健康状態や心の状態をチェックすることもできたのである。

ところが、近年では共働きが増えるなどの事情から、家族がそろって食事をすることが少なくなった。このことを憂慮した政府は、家族で一緒に食事をすることなどを推奨している。その趣旨は家族が食事を共にすることでコミュニケーションを図り、円満で健全な家族を作ろうということらしい。確かにそれは好ましいことで、反対する人はあまりいないだろう。

しかし、先にも述べたように家族を基本にするのは儒教思想に基づくものだ。儒教では「修身《しゅうしん》・斉家《さいか》・治国《ちこく》・平天下《へいてんか》」といい、個々が謹んで身を修めれば（修身）、家（家族）が円満に治まり（斉家）、家族が治まれば、国が治まり（治国）、国が治まれば天下（世界）が平和に治まる（平天下）ということが基本理念である。このような儒教思想は共同体を中心に同族意識を形成してきた日本の風土にはそぐわないものということができるだろう。もちろん、家族そろっての食事を推進することも大事である。だがそれとともに、共同体を形成する地域社会で一つ釜の飯を食べることも加えなければならない。家族のみならず、地域社会の崩壊も、われわれのこれからの生存を左右する重大な問題である。

高度成長期以降、村落共同体から都市への人口の流出が加速し、すでに廃村になったところや、廃村を待つばかりの限界集落も増加の一途を辿っている。ムラの祭は一つ釜の飯を食べる最大の機会で、祭の目的は直会《なおらい》で一つ釜の飯を食べることにあるのだ。しかし、今では祭の担い手が確保できず、直会といっても仕出しや弁当で済ませているところが多いという。このような現状を変えることは極めて困難だと思われるが、家族そろっての食事とともに、共同体そろっての直会の食事にも目を向ける必要があるだろう。

神饌《しんせん》にみる日本の食文化 ——刺身のツマなどを殊更に高く盛り付ける訳

日本料理において、刺身のツマなどを高く盛り付ける風習がある。これは、神饌（神に供える食事）が影響したものである。

◆美食家の日本の神

平安時代の初期に書かれた『止由気宮儀式帳《とゆけぐうぎしきちょう》』という書には豊受大神宮《とようけだいじんぐう》、つまり、伊勢神宮の外宮《げくう》の鎮座の由来について次のように記されている。第二十一代・雄略《ゆうりゃく》天皇の二二年（四七八）、アマテラスが天皇の夢枕に立ち「私が丹波《たんば》（後の丹後《たんご》）の真名井原《まないはら》にいたときには豊受大神《とようけのおおかみ》が朝夕の食事を用意してくれていた。しかし、丹波から遠く離れた伊勢にあっては日々の食事にも事欠いている。ついては丹波の真名井から豊受大神を迎えてほしい」と告げた。この夢告《むこく》に驚いて飛び起きた雄略天皇は早速、丹後半島の真名井原に使者を遣わして、豊受大神を現在の外宮に迎えて祀《まつ》った。

アマテラスは伊勢に落ち着く前に鎮座の最適地を求めて各地を巡ったが、最初にやって来たのが天橋立《あまのはしだて》のすぐ近くの籠《この》神社のある地で、ここに四年ほど留まった。その間、すぐ近くの真名井原に鎮座していた豊受大神が朝夕の食事の世話をしていたという。しかし、さらなる鎮座地を求め、豊受大神と別れてこの地を離れ、最終的に伊勢の内宮に鎮まったことから五〇〇年もの間、朝夕の食事に不自由をしていた。つまり、豊受大神はアマテラスの食事係として招かれたのである。

以降、外宮では朝御饌《あさみけ》、夕御饌《ゆうみけ》と称して朝夕二回の神饌を調製してアマテラスをはじめとする八百万《やおよろず》の神々に供えるようになった。今も外宮には「忌火屋殿《いみびやでん》」という神饌を調理する施設がある。そこで毎日、神職が調理し、春夏の朝御饌は午前八時、夕御饌は午後四時に、秋冬は朝御饌が午前九時、夕御饌は午後三時に外宮の神殿の背後にある御饌殿《みけでん》という社に供えられる。御饌殿には神々が一堂に会して共に食事をするとされている。

神饌に関して『延喜式《えんぎしき》』にはその土地でその時期にとれる最高のもの、つまり、旬のものをできるだけたくさん上げよと記されている。品目としては米、塩、海のもの、川のもの、野のもの、山のものなどおよそその土地で得られるすべてのものを挙げている。

神饌には生のままの「生饌《せいせん》」と調理した「熟饌《じゅくせん》」とがある。今、多くの神社には生米や塩、未調理の野菜や魚など生饌が上げられているが、調理した熟饌を供えるのが本来の姿である。鳥については水鳥や山の鳥、野鳥などあらゆる種類のものが上げられているが、鹿や猪などの四つ足の動物の肉はタブーとなっている。

また、神饌は日本固有の農作物を供え、外来のものは避けるのが原則である。しかし、米自体が大陸から伝えられたもので、カボチャやサツマイモなどは江戸時代に、トマトなどは明治になって日本に入って来たものであり、近年はマッシュルームやケール、モロヘイヤなど外来のものが日常的に食卓に上るようになっている。

神饌（提供：出雲大社新十津川分院）

このような状況の中で日本の固有種の野菜を探し出すことはかなりハードルが高くなっている。そこで伊勢神宮などの古社でもある程度の期間を経て日本に定着している外来のものについては神饌として供えている。

◆なぜ高く盛り付けるのか？

今でも神饌の塩は円錐形にして高く盛り付けられている。神は高く尖ったところに降臨するという考え方があり、神饌もできる限り高く盛り付けることによって神が降臨する目印にするものと考えられている。

今も一一月二三日には新嘗祭《にいなめさい》が行われて、その年の新穀を神々に供えて収穫をもたらした神に感謝の意を捧げる。この「新嘗祭」の「嘗」という字は文字通り「なめる」という意味で、神が高く盛り上げられた神饌に降臨してきてこれを嘗めると考えられている。

古くは宮中で「相嘗祭《あいなめのまつり》」という神事が行われていたことが『日本書紀』などにも見える。『日本書紀』では天武《てんむ》天皇の五年（六七六）十月丁酉《ひのととり》の日に「相新嘗《あいにいなめ》」の祭を行って神々に幣帛《へいはく》（供え物）を供えたというのが最初の記録である。古くは「相新嘗」と呼ばれていたものが「相嘗」と略されたものと見られ、以降、宮中では一一月上《かみ》の卯の日に行われていたようで、天皇が神々とともに新穀を嘗める（食べる）という意味である。

このように神饌を高く盛り付けることは日本料理にも受け継がれている。前述の通り、料理人が細い菜箸を使い息を凝らして刺身のツマなどをひたすら高く盛り付けるのは、神饌の影響である。また、葬儀のときに茶碗に飯を山盛りにし、真ん中に箸まで立てて霊前に供える風習が今も見られる。これも神饌に倣ったもので、もともと仏教には仏に食事を供える習慣はなかったが、日本では神饌の影響を受けていわゆる「仏飯《ぶっぱん》」を供える風習が生まれたのである。

よく料理研究家と称する人たちが日本料理の基本は精進料理にあると言っているのを耳にする。確かに精進料理も影響を与えているが、それ

仏飯

は主に鎌倉時代の禅宗の伝来とともに伝えられたものが多く、がんもどきや湯葉など中国発祥のもので日本古来の食習慣ではない。日本の料理のルーツは神饌にあるのであり、それは素材本来の特性を生かして塩だけで味付けした素朴なものである。

また、日本の神は殊《こと》の外《ほか》食事を楽しみにしており、祭の基本は神に神饌を供えて饗応《きょうおう》する（食事や酒を出してもてなす）ことにある。そして、神はとてつもなく偉大で貴い存在なので、供える食事も飛び切りの御馳走でなければならない。

神代から続く酒造り

——ヤマタノオロチ退治のときに造った八塩折《やしおり》の酒

アマテラスの弟の須佐之男命《すさのおのみこと》（以下、スサノオという）は高天原《たかまがはら》で大変な乱暴狼藉を働き、神々からのさまざまな非難を一身に浴びることになった。その結果、髭を切り爪を抜いてたくさんの貢物を神々に献上した上で、高天原から追放されることになった（一一五ページ参照）。

追放されたスサノオは出雲の斐伊川《ひいかわ》の上流に降臨したが、右も左も分からない。すると、川上から一本の箸が流れてきた。これを見たスサノオは、上流に人の住む家があるに違いないと考えて川沿いに道を遡って行った。すると、案の定、一軒の家にたどり着いたが、家の中では老夫妻が少女と手を取り合ってさめざめと泣いている。

この光景を見たスサノオはしばし躊躇《ためら》ったが、もう日も暮れてきた。この家に泊めてもらえなければ今夜は行く当てもない。そこで、思い切って家の中に入り、一夜の宿りを乞うとともに、三人が悲しみの涙に暮れている理由を聞いた。すると、応対した老人は宿の提供を承諾し、次のように悲しみの理由を語った。

「私どもは大山津見神《おおやまつみのかみ》の子どもで、私は足名椎《あしなづち》（以下、アシナヅチという）、妻は手名椎《てなづち》（以下、テナヅチという）、娘は櫛名田比売《くしなだひめ》（以下、クシナダヒメという）と申します。この川の上流に八岐大蛇《やまたのおろち》（以下、ヤマタノオロチという）という八つの頭を持つ巨大な蛇が棲んでおります。そのヤマタノオロチが毎年、今頃になると山から下りてきて娘を食べてしまいます。私ども夫婦には八人の娘がおりましたが、今までに七人までが食べられてしまい、今年は残った末の娘が食べられる番です。私たち老人にはこれを防ぐ術もなく、それが悲しくて泣いておりました」

この話を聞いたスサノオは、「あなた方の娘さんを私の妻にしてもらえないか？」と言った。スサノオは少女に一目ぼれしていたのである。

スサノオの申し出に老夫婦は「あなたさまのお名前を存じ上げませんので……」とスサノオの氏素性《うじすじょう》を尋ねた。これに対してスサノオは、「私は天神《あまつかみ》で高天原を束ねるアマテラスの弟のスサノオです」と答えた。

これを聞いた老夫婦は喜び、「そんな高貴な方が娘を妻にしてくださるなら、これほどの幸せはございません。どうかよろしくお願い申し上げます」と鄭重《ていちょう》に返答した。

交渉がまとまるとスサノオは早速、ヤマタノオロチ退治の準備に取り掛かった。まず、アシナヅチには八つの門の前に桶を一つずつ置き、その中に八塩折の酒を満たすように命じた。八塩折の酒とは何回も醸造を繰り返したアルコール度数の高い上等な酒で、その芳醇《ほうじゅん》な香りでヤマタノオロチを桶におびき寄せて酔わそうという計画である。

準備が整って待つことしばし、ヤ

マタノオロチがやって来た。そして、目論見通りに八塩折の酒の香りにつられて八つの頭をそれぞれ桶の中に突っ込んでごくごくと酒を飲み、すっかり酔っぱらって寝込んでしまった。そこで、スサノオは十拳剣《とつかのつるぎ》を抜いてヤマタノオロチをずたずたに切り裂いたのである。

そのとき、ヤマタノオロチの胴体から一本の剣が出て来た。これが「天叢雲剣《あめのむらくものつるぎ》」で、後に「草那芸之太刀《くさなぎのたち》」（『日本書紀』では「草薙剣《くさなぎのつるぎ》」）と呼ばれるようになった。

スサノオはその剣を姉のアマテラスに献上した。後に天孫瓊瓊杵尊《てんそんににぎのみこと》やヤマトタケルへと渡り、今も名古屋の熱《あつ》田《た》神宮の御神体として祀《まつ》られている。

ヤマタノオロチを無事退治したスサノオは、宮殿を建てるための土地を探し、出雲の須賀《すが》に辿り着いた。『日本書紀』によるとこのときスサノオは「吾《わ》が心清清《すがすが》し」と言ったといい、そこでこの地を須賀というと伝えられ

八重垣神社（島根県松江市佐草町）。かつては須賀の地に建設されたが、後に現在の地に遷座された。（提供：八重垣神社）

須我神社（島根県雲南市大東町須賀）。スサノオが「吾が心清清し」と言ったという須賀の地。（提供：須我神社）

ている。

そして、その地から雲が盛んに立ちのぼったのを見て、スサノオは

八雲立つ　出雲八重垣妻籠《やえがきつまご》みに　八重垣作る　其の八重垣を

（盛んに雲がわき立つ出雲。幾重にも雲をめぐらして、妻をこもらせるために垣を作ってくれる。ああ、その幾重にもめぐらした垣よ）

という歌を詠み、神聖な柱を建てて宮殿を建設し、クシナダヒメと幸せな新婚生活を送った。この宮殿が出雲の八重垣神社で、スサノオはここを拠点に多くの子孫を作り、出雲の地を開拓して繁栄に向かわせたという。スサノオは国神《くにつかみ》の初代、総帥となり、それから六代目の孫が大国主神《おおくにぬしのかみ》（以下、オオクニヌシという）である。

◆八塩折の酒とは？

古代の酒は口の中で穀物を嚙み砕いて壺の中に吐き出して造っていたという。酒を造ることを「醸《かも》す」というのは「カム（嚙む）」に由来する言葉で、『大隅国風土記《おおすみのくにふどき》』などには「口嚼ノ酒《くちかみさけ》」という言葉が見えている。また、『播磨国風土記《はりまのくにふどき》』では、濡れてカビが生えた干飯《ほしいい》で酒を造ったと記されている。カビの生えた干飯とは麴の

ことであると考えられ、こちらは蒸した米に麴を混ぜて発酵させる現代の醸造法に近いものと考えられる。

「風土記」が編纂されたのは記紀と同じく八世紀のはじめのことであり、この時期にはすでに麴を使って醸造した酒があったことが分かる。ただし、この時代の酒は清酒ではなく、いわゆる「どぶろく」のような白濁したものだったと考えられる。今も大嘗祭《だいじょうさい》には「白酒《しろき》」と「黒酒《くろき》」という二種の酒を神前に供えるが、このうち「白酒」がどぶろくのような濁り酒で、黒酒は白酒にクサギという木を焼いて作った灰を混ぜたものである。また、ひな祭りに供える白酒《しろざけ》も「白酒《しろき》」の名残である。

ちなみに、酒のことを古語で「き」といい、神に供える酒を「神酒《みき》」という。一般にはこれを「お神酒」といっているが、神酒という言葉がすでに丁寧語なので、「お」あるいは「御」を付ける必要はない。

「白酒」や「黒酒」といったいわゆる「濁り酒」はアルコール度数も低く、醸造の段階で布などで絞って不純物を取り除くことはなかった。しかし、時代が下ると絞りを加えて、透明感もありアルコール度数も高い酒が造られるようになった。「八塩折の酒」は、仕込みと絞りを何度も繰り返したアルコール度数の高い上質の酒だと考えられる。

◆酒の普及

サルが山葡萄などの実を岩の窪みに置き忘れ、それが偶然発酵したものを「サル酒」という。サルが置き忘れたかどうかは別として、山中ではそういうことがあっても不思議はない。酒は発酵という一種の化学反応によって偶然出来上がったものを人間が発見してその製法を考案したものと考えられる。また、養老《ようろう》の滝のように酒が流れ落ちる滝や川の話は、サル酒のように偶然出来上がった酒を発見した経験に基づく伝説とも考えられるのである。

ローマ神話にはバックス（英名はバッカス）という酒の神がおり、日本では少彦《すくなひこ》名命《なのみこと》が酒造の神とされている。酒は一種の幻覚を誘発することから、古くから宗教的な儀礼などに用いられていた。インドの神話にはソーマ酒という名が度々登場して神事などに用いられている。また、日本でも神々を祀るときや祝い事には、必ず酒を供え酒宴を開いたことが記紀の神話にも語られている。

そして、酒は前述の「口嚼ノ酒」の名が示す通り、元々は若い女性が穀物を嚙み砕いて造っていたのであり、酒造りは女性の仕事だった。また古代の酒造りは、穀物を蓄えておくことのできる裕福な家で行われていた。この家の主人を「刀禰《とね》」というのに対して主婦は「刀自《とじ》」と呼ばれ、この刀自が酒造りを取り仕切っていたのである。

また、中国では杜康《とこう》という酒の神がおり、酒造りの名人には「杜康」という氏名を授けたという。この話が日本に伝えられると、音が共通する「刀自」に「杜氏」の字を当てるようになり、後に酒造りの家柄は「杜氏《とうじ》」と呼ばれるようになったそうだ。そして、力仕事である酒造りは男性の杜氏が行うようになったのである（ただし、これには諸説ある）。今も酒造家や酒屋のルーツを辿ると地域の分限者《ぶげんしゃ》が多いのはこのような理由によるのである。

◆商業化されていった酒

大化の改新以降の律令制《りつりょうせい》の時代には宮内省に「造酒司《さけのつかさ》」という、いわば国営の醸造所が置かれていたことが記録に残っている。そして、平安時代になって律令制が緩むと朝廷（国家）に代わって奈良や京都の大寺が酒を造るようになった。この間に醸造の技術も進化し、アルコール度数が四〇パーセント近くある焼酎や今の清酒に近いもの、アルコール度数八パーセントほどの低濃度酒などバラエティーに富んだ酒が造られた。

このうち、低濃度酒は清涼飲料に近く、夏酒と称して夏の暑いときに飲まれたらしい。江戸時代には旅のときに竹筒や瓢《ひさご》に入れて携行し途中の川などで冷やして喉の渇きを潤したことが、この時代に新潟などの山間地を旅した鈴木牧之《すずきぼくし》の『北越雪譜《ほくえつせっぷ》』にも述べられている。また、落語で夏の暑いときにごくごくと飲んでいる酒は恐らくこの酒ではないだろうか。

寺院で造られた酒は「僧坊酒《そうぼうしゅ》」と呼ばれ、品質も良く歓迎されて大きな需要を生み、それによって寺院の財政にも寄与した。しかし、鎌倉時代以降、商業が発展すると分業化が進み、かつて刀自が酒造りを行っていた家を中心に造り酒屋、あるいは蔵元《くらもと》と呼ばれる酒造の専門業者が登場し、さらには酒の販売を行う酒屋も現れた。それで人々は酒屋から対価を払って酒を購入するようになった。

◆酒には神霊が宿る

また、今も神社で祈願をしたときに神酒をいただくことはどこでも例外なく行われている。酒は神饌《しんせん》として重要な位置を占めており、神酒をいただくのは神とともに神饌をいただく「直会《なおらい》」の意味がある。直会は「神人共食《しんじんきょうしょく》」といわれ、神と同じものを食べることによって神霊のパワーを体の中に取り込むことができるとも考えられている（四一ページ参照）。

伊勢神宮では千年以上前から忌火舎殿《いみびやでん》で朝夕、調製した神饌を御饌殿《みけでん》という社に運んで神々に供えている。神職が数人で白木の唐櫃《からびつ》に入った神饌を運ぶのであるが、その時、「おお！」とか「おっしい！」という神々の来臨を喜ぶ「警蹕《けいひつ》」という独特の声を発しながら御饌殿に進む。つまり、神饌にはできた時点で神霊が宿ると考えられているのである。

現代では日本酒だけでなくビールやワイン、焼酎やウィスキー、そのほか紹興酒やラム種など世界中の酒が流通している。そして、近年は日本酒の需要が減り、各酒造会社ではワイン風味などと称して口当たりの良い日本酒を造っている。

それでも今も祝儀に酒は欠かせないし、相撲などの祝勝会や結婚式などには「鏡開き」と称して菰かむりの樽を開ける儀式がつきもので、選挙の当選祝いにも鏡開きをする。また、「通夜酒《つやざけ》」などという言葉が残っているように、通夜や葬儀でも故人を偲んで、日本酒を飲む。もちろん、神社の神前に供えられるのは日本酒である。要するに神代から今に至るまで日本酒はその神聖さと存在感を失っていないのである。

◆なぜ寺院で酒を造ったのか?

もともと仏教には「不飲酒戒《ふおんじゅかい》」という戒律があって酒を飲むことを禁止しており、寺院での酒造りも好ましくはないはずである。しかし、酒はそんな一般的な観念を撥ね付けるほど神聖なものであるため、宗教的権威の一翼を担う仏教寺院で造られることになったのだろう。もちろん、伊勢神宮などの大社でも古くから酒は造られていた。しかし、神社は神の住まう聖域で参拝や祈願以外の人を寄せ付けないのが原則である。神職は社域から離れたところで生活していて、神事や祭のときにだけ出仕する。従って神社の中には神職などが生活する施設はなく、厨房なども備えていない。

一方、寺院の方は、僧侶の生活の場を兼ねており、古くから立派な厨房が備えてあって、そこで一斗《と》（一斗は約一八リットル）、二斗という大量のコメを炊いていた。つまり、酒造の下ごしらえをする施設と能力は十分に備わっていたのであり、それを使って酒造りに乗り出したのである。

また、僧侶たちの生活は早い時代から乱れており、平安時代には修行僧の生活規律である戒律などほとんど有名無実になっていた。この時代の俗謡にも「隠すは聖人、せぬは仏」と歌われて口の回らない子どもまでもがこのフレーズを口ずさんでいたという。本当に女性と交わらないのは仏だけで、聖人（僧侶）は交わっても隠しているという意味である。

ただ、釈迦の時代から戒律では病気の時には発酵しきっていない酒を飲んでも良いとされている。つまり、病気で弱った体力を回復する滋養の目的でなら発酵が未熟なアルコール度数の低い酒は飲んでも良いことになっていた。それを良いことに寺で造った酒を飲む僧侶も当然いたことだろう。ただ、「酒」という言葉を使うのは流石《さすが》に憚られたようで「般若湯《はんにゃとう》」という隠語を使った。

「般若」とは悟りの智慧の意味である。酒を飲んで酩酊状態になると悟りの境地に至ったような気分になったのかもしれない。

神事として続いてきた米作り
——高天原《たかまがはら》にあった神聖な田んぼと機屋《はたや》

　高天原を乗っ取りに来たと疑われたスサノオは、身の潔白を証明するために「誓約《うけい》」を行うことをアマテラスに提案した（一〇六ページ参照）。アマテラスとの誓約の結果、身の潔白が証明されたスサノオは、勝利の歓喜に酔い痴れて高天原で常軌を逸した乱暴狼藉を働いた。

　アマテラスが神々のための米を作る神聖な田んぼを破壊し、神々の着物の布を織る神聖な機屋に生剥《なまは》ぎにした馬の皮を投げ込んだ。それに

驚いた服織女《はたおりめ》（機を織る女性。ここでは特にアマテラスの神聖な機屋で機織りをする聖女）は杼《ひ》（織物の横糸を通す舟形のヘラ）でホト（女陰《じょいん》）を突いて死んでしまう。

スサノオの凄まじい蛮行に恐れをなしたアマテラスは岩屋に隠れてしまった。太陽神であるアマテラスが岩屋に閉じ籠《こも》ると、世の中は真っ暗になって悪神が跋扈《ばっこ》するようになったのである（アマテラスの岩戸隠れ　一二三ページ参照）。

◆神田《かんだ》

神々が食べる米を作る神聖な田んぼは「神田」あるいは「御田《おんだ》」などと呼ばれ今も各地の神社で見られる。かつて寺社は貴族と同様に荘園を所有していた。その一部を「神田」といって特に入念に穢《けが》れを避けて耕作を行い、収穫し

三重県／伊勢神宮の神宮神田（提供：神宮司庁）

た米を神饌《しんせん》として神前に供えていた。

伊勢神宮の背後にある朝熊山《あさまやま》の西麓には「神宮神田《しんでん》」があり、今も古式に則って耕作が行われ、田植えや収穫の際などにもさまざまな神事が営まれている。また、伊勢神宮のような大社は古くは全国に荘園を持っていたが、東京の神田も伊勢神宮の荘園の一つとされており、それが地名の由来になったといわれている。

◆神事としての田植は女性が主役になる

すでに縄文時代の末に稲作をはじめた日本人は、米の中に穀霊《こくれい》という精霊が棲むと考えた。日本人にとって穀霊を宿す米を育てることは一つの神事の域に達していたのである。

近年は田植も機械で行うようになったが、田

早乙女

植の開始には早乙女《さおとめ》と呼ばれる女性が襷がけで菅笠《すげがさ》をかぶり、手で植える行事がある。これを「お田植神事」などといっている。

早乙女という言葉は今も使われ、人名や地名にもなっているが、女性が田植をするということには宗教的な意味合いがあったようである。早乙女は化粧をして盛装し普段とは異なる晴れの日のいで立ちで田植をする。冷静に考えれば泥んこになる田植に向かうのに化粧をするというのも妙な話である。

柳田國男は『妹《いも》の力』の中で「田植はすなわち田の神の誕生であり、それを期するためには主要なる原因として、日の神（太陽）と水の神との和合を必要とした」と述べている。つまり、水の神は女性で、日の神と結婚することによって田の神（米）を生むというのである。だから、田植は日の神と水の神の晴れがましい結婚式で、化粧をして盛装で臨むのもそのためだという（柳田國男、前掲書より）。

◆化粧は神に近づくための証

化粧をしたり仮面を被ったりするのは特別な存在になる証である。歌舞伎や能の役者が化粧や面を被ることによってすぐに神の域に達するのと同じだ。もともと能や歌舞伎などの芸能は神の所作《しょさ》を真似る「わざおぎ」に由来するといわれ、神の真似をするためには化粧や面、特別な衣装といった道具立てが必要だった。田の神に感謝し豊穣を願う「田楽《でんがく》」という歌舞はもともと「わざおぎ」だったと考えられている。

祭のときに神輿《しんよ》を担ぐ氏子などが化粧をするのも、神を祀《まつ》るものとして神に近づくためだろう。そして、早乙女が盛装をして化粧を施すのも神に近い特別な存在であることを示していると考えられる。とりわけ、神田のお田植神事で行われる田植は神聖な神事で、そこで田植をする早乙女は特別な存在だったのである。

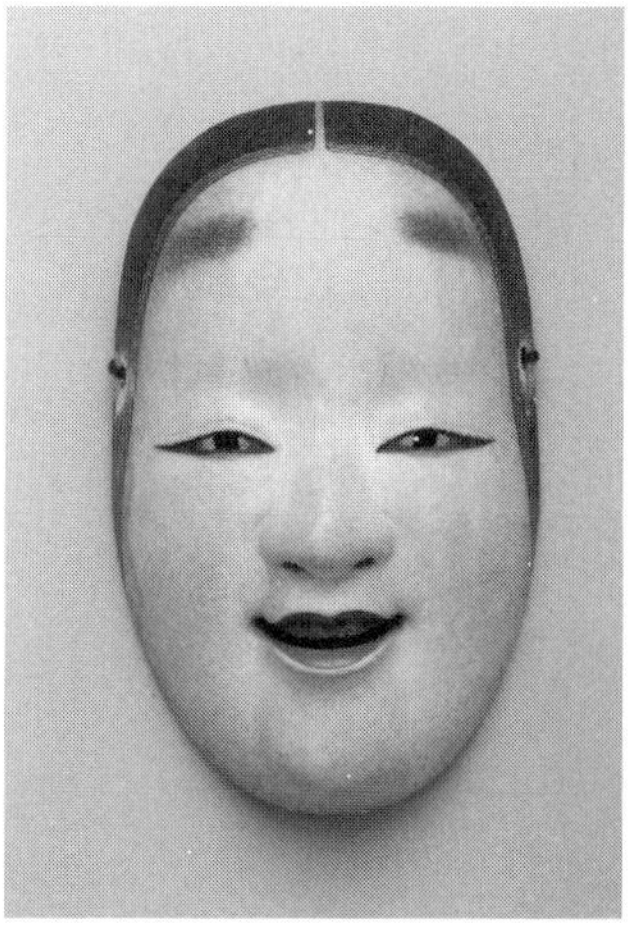
能面〈小面 女面〉(提供:国立能楽堂)

◆神事ゆえの悲劇

また、昔から嫁と姑は折り合いが悪いとされ、いわゆる「嫁いびり」の話が全国各地に伝えられている。たとえば、意地の悪い強欲な姑が嫁に、広い田んぼに一日で田植をするように命じたが、それを果たすことができずに近くの淵などに入水した、あるいは、植え終わって疲労困憊して死んだというものである。あるいは、夫と目される日の神を招き返して作業を完了したが、神に対する不遜《ふそん》を咎《とが》められて死んでしまったというものもある。

今でも田植をするには日柄を重んじる風習があるが、古くは田植をしてはいけない忌日《いみび》が多く、これを厳格に守らなければ豊作が望めないと考えられていた。もともと田植に適した時期は短く、その上、忌日があればさらに限られる。そこで広い田んぼの田植を一日で終わらせなければならないということになるのである。また、神田に指定された田んぼでは特に忌日が厳格に守られる必要がある。このことから、神田での田植は僅かな日取りしか残されていないのだ。

このような古来の田植の緊迫した事情から、一日で田植を終わらせる話や、間に合いそうにないので太陽を招き返したなどという話ができてきたのである。神話についても言えることだが、伝説や昔話は何らかの事実に基づいている場合が多い。

◆「ヨメ」と米作り

また、田植で女性が主役になるのは子どもを産む女性の生殖能力によるものと考えられている。その能力にあやかって稲の順調な生育と豊作を期するのである。さらに、「米女《よねめ》」という名字が全国に百世帯ほどあるが、これも早乙女に関係していて、そこから「ヨメ」という言葉が出てきたのではないだろうか。

国語辞典などを見ると「ヨメ（嫁）」とは結婚してから一家の主婦となるまでの若妻とされ、主婦となるまでにはさまざまな試練に耐えなければならない。前述の嫁いびりの話もそのような旧来の家族制度の中で醸成されたものと考えられる。ただし、柳田國男は、姑は因業《いんごう》貪欲な長者（領主）に置き換えることができると言っているが……。

最近、若い人を中心に自分の妻のことを「ヨメ」と言うようであるが、嫁というのは夫との関係における妻ではなく、家に嫁いできた者を「嫁（ヨメ）」と呼んだのである。関東では自分の妻のことを軽々にヨメと呼ぶ習慣はなかったが、関西では古くから自分の妻をヨメと呼んでいたようだ。早くから都市化が進み商業が栄えていた関西では、婚姻も個人的な関係で捉えられていたのかもしれない。

そして、先に触れた「米女」を「ヨメ」と読むとすれば、田植に携わる特定の女性の呼称だったのではないか。そして、高天原の神田をアマテラスが作っていたように「ヨメ（早乙女）」は神に近い特別な存在だった。早乙女が化粧をして盛装するのは普通の人間とは違う存在になることを表している、ということは柳田國男も指摘している通りである。

第二章

神代から続く生活と教え

巨大な柱は「立柱式《りっちゅうしき》」のルーツ
――イザナキとイザナミが立てた神聖な柱

高天原《たかまがはら》（天界）の神々は伊邪那岐命《いざなきのみこと》（以下、イザナキという）と伊邪那美命《いざなみのみこと》（以下、イザナミという）の二神に天沼矛《あめのぬぼこ》という神聖な矛を授けて国生み（国造り）を命じた。そして、二神が天界と地上の間に架かる天浮橋《あめのうきはし》に立ち、天沼矛で乳海《にゅうかい》を掻き回したところ、ドロドロとした塩の塊が沼矛の先から滴り落ちて、オノゴロ島という島ができた。

この島に降り立ったイザナキとイザナミは、「天《あめ》の御《み》柱《はしら》を見立て、八《や》尋殿《ひろどの》を見立てた」とある。「天の御柱」とは神聖な柱。「八尋殿」の「尋」は人が両手を広げた長さで、多くの人が両手を広げて繋いだほどの大きさの壮麗な御殿という意味である。イザナキ、イザナミの二神はこの神聖な柱の周りを巡って大八島国《おおやしまのくに》（日本列島）

と多くの神々を生んだ。

また、須佐之男命《すさのおのみこと》（以下、スサノオという）が八岐大蛇《やまたのおろち》（以下、ヤマタノオロチという）を退治して櫛名田比売《くしなだひめ》（以下、クシナダヒメという）と結婚したとき、出雲に巨大な柱を立てて宮殿を造営した（六四ページ参照）といい、天孫瓊瓊杵尊《てんそんににぎのみこと》（以下、ニニギという）が日向《ひむか》（九州南東部）の高千穂《たかちほ》の峰《みね》に降臨して木花之佐久夜毘《このはなのさくやび》売《め》（以下、コノハナノサクヤビメという）と結婚したとき（一〇一ページ参照）に

も、立派な柱を立てて宮殿を造営したと記されている。

そして、このような柱は建物を支える重要な構造材であると同時に、神がその柱を目印に降臨するための依《よ》り代《しろ》でもある。神話の中では話の便宜上、降臨してから柱を立てたことになっているが、実は柱が先にあって、それを目印に神が降臨するのである。どこの神社にも神体というものが祀《まつ》られている。たとえば伊勢神宮の神体は八咫鏡《やたのかがみ》、名古屋の熱田神宮の神体は草薙剣《くさなぎのつるぎ》である。神霊はこれらの神体を拠り所として降臨してくると考えられている。しかし、神体は後から考案されたものであり、最も原初的な依り代は柱（木）だったのである。

また、各地の神社には神木という年輪を重ねた大樹がある。こちらは神体の原初的な形で、この神木に神が降臨して宿ると考えられているのである。このように神木を依り代として降臨するのは日本の神の特徴で、神木を中心に「鎮守《ちんじゅ》の杜《もり》」と呼ばれる社叢《しゃそう》（林）が形成された。

このような社叢を形成する木は神木以外の木もすべて神聖視され、伐採することが固く禁じられている。安芸の宮島で知られる厳島《いつくしま》神社の社叢などは「千古斧を入れず」といわれ、一本たりとも切ることはタブーとされている。

依り代となる柱はもともと枝葉のついた木（神木）だったが、時代が下ると製材して丸太にしたものを立てるようになった。諏訪《すわ》大社の御柱祭《おんばしら》は依り代を立てて神の降臨を仰ぐ神事であると考えられている。

◆伊勢神宮の「心御柱《しんのみはしら》」

伊勢神宮の内宮《ないくう》と外宮《げくう》の正殿《しょうでん》（本殿）は唯一神明造《ゆいいつしんめいづくり》と呼ばれ、伊勢神宮の内宮、外宮だけにしか見られない独特の造りである。正面三間、奥行き二間の建物で、その中心に心御柱《しんのみはしら》という神聖な柱がある。そして、心御柱は記紀の神話に登場する神聖な柱と同じく神の依り代としての役割を果たしているのである。

正殿のための敷地は東西に隣接して二区画用意されており、二〇年ごとの式年遷宮《しきねんせんぐう》（定期的な社殿の建て替え）のときにどちらかの敷地に正殿が建てられる。つまり、東西どちらかの敷地が玉砂利を敷き詰めただけの空き地になっている。この空き地は古殿地《こでんち》（古い正殿が建っていた地）と呼ばれているが、この古殿地の中央の後方には切妻造《きりづまづくり》の小さな小屋がある。この小屋は「心御柱覆屋《おおいや》」といわれるもので、中にはそれまでの正殿の心御柱がたっていた跡（穴）があるといわれている。次の式年遷宮まで厳重に保護し、また新しい心御柱をその跡に立てるのだ。

また、正殿などに用いる用材の伐採の前に最初に行われるのが「山口祭《やまぐちさい》」という祭（神事）で、文字通り「山の口に坐《いま》す神」に祈りを奉げ伐採の許しを請うものである。山口祭は通例、午前八時からはじまり、その日の夜八時からは「木本祭《このもとさい》」という祭が執り行われる。そして、この祭が心御柱になる木の根元に坐す神に伐採の許しを請う祭なのである。山口祭には多くの人が参加し、白日の比較的オープンな雰囲気の中で行われるのに対して、木本祭は暗闇の中で篝火《かがりび》や提灯の灯りを頼りに限られた神職だけで厳粛に執り行われるのであり、心御柱がいかに神秘性を持つものであるかを窺うことができる。正殿などの用材は今は木曽の山中で伐採されているが、心御柱だけは高倉山などの神宮の社域で伐採された木が使われる。

切り出された心御柱は白布で厳重に包まれ、内宮は御稲御倉《みしねのみくら》、外宮は外幣殿《げへいでん》に運ばれて新しい正殿の建築まで厳重に保管される。そして、建築に際しては、まず最初に心御柱を立てるのである。

◆出雲大社の大黒柱

出雲に行くと「雲太《うんた》　和二《わに》　京三《きょうさん》」と書かれた看板が各所に見られる。これは平安時代の巨大建築物の番付を表したもので「雲」は出雲大社のこと、「太」は一番大きいという意味。「和」は「大和《やまと》（奈良）」の略で奈良の東大寺の大仏殿が二番目に大きいという意味。「京」は「京都」の略で京都御所の大極殿《だいごくでん》が三番目に大きいという意味である。

現在の出雲大社の神殿（本殿）も高さが八丈《じょう》、約二四メートルあり、約一〇メートルの伊勢神宮の正殿の二・五倍もある。そして、平安時代には現在の倍の一六丈、約四八メートルもあったとされている。この巨大な建物は海上にせり出すように建っており、岸から一町（約一〇九メートル）の引橋《ひきはし》を渡して参拝する仕組みになっていたことも最近の研究で分かっており、その縮尺模型が古代出雲歴史博物館に展示されている。

古代出雲大社復元図
（復元：大林組、画：張仁誠）

この巨大な建物を支えたのがいわゆる「大黒柱《だいこくばしら》」で、出雲大社でも正式には「心御柱」と呼んでいる。この巨大な柱が、平成一二年から翌年にかけての発掘調査の際に本殿の神門《しんもん》の前の地中で発見された。直径一・三五メートルの杉の柱を三本束ねたもので、その最下部の一メートルぐらいの部分が発掘されたのである。かつては三本の柱は鉄のタガで固定されていたと考えられている。

そして、その後の調査でこの柱は鎌倉時代前半の宝治《ほうじ》二年（一二四八）の式年遷宮のときに建て替えられた神殿の柱であると推定されている。この時代まで伊勢神宮と同じように各地の由緒ある神社では式年遷宮が行われており、前の建物の様式と規模を忠実に再現していた。

記紀の神話では、出雲大社の社殿が群を抜いて大きいのは、大国主神《おおくにぬしのかみ》が国譲りをしたときに、国譲りの条件として天子《てんし》（天皇）の宮殿に勝るとも劣らない立派な神殿を建ててくれるように頼んだのを受けて、天照大御神《あまてらすおおみかみ》（以下、アマテラスという）が壮麗な神殿を建てたからとされている。しかし、実際には巨大な勢力を誇っていた出雲族が、大和の天皇家の氏神《うじがみ》である伊勢神宮に対抗して、伊勢の正殿をはるかに淩ぐ巨大な神殿を造ったものと考えられるのである。

また、出雲大社の心御柱を「大黒柱」と呼ぶようになったのは、祭神の大国主神と仏教の大黒天《だいこくてん》の「大国」と「大黒」との音が一致することに由来する。室町時代に大黒天の信仰が盛んになると、読み書きのできない民衆が両者を混同して「だいこく」と呼んで信仰したのである。さらに、共に大きな袋を担いでいること、大国主神は因幡《いなば》の白兎を助ける（一四二ページ参照）など優しく、温和な性格で知られ、大黒天も「えびすだいこく」と並び称されるように円満な風貌がトレードマークであることが、同一視されるようになった理由として挙げられる。

今でも出雲の人たちは出雲大社の祭神を大国主神とは言わずに「だいこくさま」と親しみを込めて呼んでいる。この場合、大国主神と大黒天の両方の意味が込められているのだろう。

また、民家の中心にあって建物を支えている柱を「大黒柱」という。大黒天がもともとインドの言葉（サンスクリット語）でマハーカーラ、真っ黒という意味であることから、年季が入って黒光りした柱をそのように呼んだ。また出雲大社の神殿の巨大な柱が「だいこくさま」が鎮座する建物をしっかりと支えていることから命名されたと考えられる。

◆現代の立柱式につながる神聖な柱

神話の時代から建物を支える柱は神聖視されてきた。今では壁板を組み立てたツーバイフォー住宅や鉄筋コンクリート造りの壁式構造など、柱のない建物も多い。それでも「柱」は建物の要という観念が強く、起工に際しては「立柱式」・「上棟式《じょうとうしき》(建前《たてまえ》)」を行っていることが多い。近年では若い施主の場合、立柱式の意義を理解せず、中には立柱式という言葉も存在も知らない人もおり、酒食を振舞ったり引き出物を出したりして余計な費用をかけたくないという施主も少なくないらしい。

しかし、工務店など工事に携わる人々にとって立柱式は工事の安全と建物の無事完成を祈願する意味で欠かすことのできない儀式である。これをやらずに着工して事故があったり、完成した建物に不具合が出たりすれば信用に関わり、今後の仕事にも影響を及ぼしかねない。だから、ほとんどすべての現場で今も立柱式が行われており、神職を呼んで安全祈願をした上で柱を一本、立ち上げる。

また、六〇階建て、七〇階建てといった巨大ビルの場合も立柱式は必ず行われる。こうした高層ビルなどの場合、一本の巨大な柱をクレーンで吊り上げて立ち上げる。

やはり、安全祈願に神職が呼ばれるのである。施工を請け負うゼネコンの若い社員などにとっては意味不明の不思議な光景に映ることだろう。

立柱式に先立って地鎮祭が行われ、柱を立てた後、棟木を上げるときには「上棟式（建前）」が行われる。また、完成すると「竣工式」「落慶式《らっけいしき》」などが執り行われる。これらの一連の儀礼は神道の神事であり、ほとんどの場合神職を呼んで執り行われる。ただし、寺の本堂などの場合は僧侶が行うが、これも神道の儀礼に準ずるもので、祝詞《のりと》の代わりに経を読み、香を焚くぐらいが異なるところである。また、寺院が完成したときには多くの僧侶や檀信徒の人たちが集まって盛大な「落慶法要《らっけいほうよう》」が行われる。

ここまで見てきたように、神話の時代から柱は単なる建物の構造物ではなく、神の依り代としての神聖なものであった。そして、柱を神聖視する観念は今も日本人の中に生き続けているのである。

神々の結婚と恋愛
――妻争いと、奔放な性の告白

大国主神《おおくにぬしのかみ》（以下、オオクニヌシという）には多くの兄たちがいた。彼らは末弟のオオクニヌシに荷物をすべて持たせ、八上比売《やがみひめ》（以下、ヤガミヒメという）という絶世の美女を求めて求婚の旅に出た。その旅の途中でオオクニヌシは因幡《いなば》の白兎を助け、白兎から心根の優しいオオクニヌシこそヤガミヒメと結婚するだろうとの予言を受けた（一四二ページ参照）。

結婚は人生の一大事だ。だからこそ、オオクニヌシの兄弟たちの求婚譚に見られるようないわゆる「妻争い説話」が出来上がったのである。

ところで神話や伝説、説話の中では動物や魚介、鳥や昆虫は人間と同じ言葉を話す。そして、それらの生き物の予言は実現することになっているケースが多い。因幡の白兎の話でも兎の予言は的中してオオクニヌシは見事にヤガミヒメと結婚することになる。そして、そのような予言の持つ力は生き物にも精霊が宿るというアニミズム信仰と、言葉に霊力が宿るとする言霊《ことだま》信仰に裏付けされていると考えられるのである。

◆『万葉集』にも見える「妻争い」

『万葉集』には「妻争い」にまつわる中大兄皇子《なかのおおえのおうじ》（後の天智《てんじ》天皇）の次のような歌がある。

香具山《かぐやま》は　畝傍《うねび》ををしと　耳成《みみなし》と　相争ひき　神代《かみよ》より　かくにあるらし　古《いにしえ》も　しかにあれこそ　うつせみも　妻を争ふらしき（巻一―一三）

（香具山は畝傍山を愛おしく思って、耳成山と争った。神代からこんなふうであるらしい。太古の昔もそのようだったのだから、今の世でも妻を争うらしい）

天香具山《あまのかぐやま》、畝傍山、耳成山は奈良盆地南部に並んでおり、古くから「大和《やまと》三山」の名で親しまれてきた。そして男山の香具山と耳成山が女山の畝傍山に恋慕し、互いに妻にしようと争ったという「妻争い」の話が太古の昔から伝えられている。このように擬人化された山が争うという話は多く見られ、栃木県日光の男体山《なんたいさん》と群馬県の赤城山《あかぎやま》が戦い、勝利を収めた男体山が赤城山よりはるかに高くなったという話などが一般的に伝えられている。

また、中大兄皇子が言っているように太古の昔から一人の女性を巡って複数の男性が争うことはしばしばあった。ここに詠われている「今の世」は七世紀の中ごろのことだが、現代に至るまで結婚相手をめぐるライバルの争いは続いているようである。

奈良県／大和三山（提供：橿原市）

◆父子で美女を争う

さらにいわゆる「三角関係」も古くて新しい問題である。第十二代・景行《けいこう》天皇とその皇子・大碓皇子《おおうすのみこ》（以下、オオウスという）との間には二人の女性を巡る次のような話がある。

あるとき、景行天皇は美濃国《みののくに》（現在の岐阜県の南部）の祖先・大根王《おおねのきみ》の娘の兄比売《えひめ》と弟比売《おとひめ》の二人が極めて美しいという噂を耳にして、オオウスを美濃国に遣わして宮中に連れて来るように命じた。

ところがオオウスは、二人の美しさに惹かれて宮中に連れて行かず、自ら二人を娶《めと》った。そして、別の女性を探し、大根王の娘と偽って父（景行天皇）のところに連れて行った。しかし、天皇はその女性が所望した姉妹でないことをすぐに見抜き、結婚することはなかった。天皇は生来性格の悪いオオウスのことを快く思っていなかったが、この一件でさらに実の息子を恨むようになったようである。

◆奔放な性の告白

記紀の神話の中では日本列島の基となるオノゴロ島という島に降り立ったイザナキは、イザナミに夫婦の交わりをしようと誘う。『古事記』はそのときの様子を次のように記している。

「その島に天降りまして、天《あめ》の御柱《みはしら》を見立て、八尋殿《やひろどの》を見立てたまひき。ここにその妹伊邪那美命《いもいざなみのみこと》に問ひて、『汝《な》が身は如何にか成れる』と曰《の》りたまへば、『吾《あ》が身は成り成りて成り合はざる処一処《ひとところ》あり』と答へたまひき。ここに伊邪那岐命《いざなきのみこと》詔りたまはく、『我《あ》が身は成り成りて、成り余れる処一処あり。かれ、この吾が身の成り余れる処をもちて、汝が身の成り合はざる処にさし塞《ふた》ぎて、国土《くに》を生み成さむとおもふ。生むことといかに』とのりたまへば、伊邪那美命、『然善《しか》けむ』と答へたまひき。ここに伊邪那岐命詔りたまはく、『然らば吾と汝とこの天の御柱を行き廻り逢ひて、みとのまぐはひせむ』と詔りたまひ……」

現代語に訳すと、次のようになる。

オノゴロ島に降り立ったイザナキとイザナミは神聖な柱を立てて立派な御殿を建てた。そして、イザナキはイザナミに「お前の身体はどのようにできているのか？」と尋ねた。するとイザナミは「私の身体は成長していますが、一ヵ所だけ不完全で欠けているところがあります」と答えた。するとイザナキは「私の身体は成長し過ぎているところが一ヵ所ある。そこで、私の成長し過ぎたところでお前の欠けているところをさし塞いで国土を生もうと思うが、どうだろうか」と言った。これに対してイザナミは「それは結構なことでしょう」と言った。それで、イザナキは「お前と私とで天の御柱を巡って夫婦の契りを交わそう」と言い……

つまり、イザナキは白昼堂々とイザナミにセックスをしようと誘ったのであり、イザナミもこれに二つ返事で応じたのである。イザナキのように、恋愛感情を伝えることもなくいきなり肉体関係を迫れば、現代では単なる変質者のレッテルを貼られてしまうだろう。この場面は余りにも奔放というか、露骨な告白である。

イザナキ、イザナミの語源については諸説あるが、本居宣長《もとおりのりなが》は『古事記伝《こじきでん》』の中で「いざな」は「誘う」の語根で「キ（またはギ）」は男性、「ミ」は女性の意味であると解説している。宣長の説に従えば二神は誘い合う神で、もともと国や神を生むこと、生殖を目的としてつけられた名だったとも考えられる。つまり、国土を生み、神を生んで日本民族の基盤を作るために登場したのがイザナキとイザナミの二神なのである。その大事な役目を果たすためには、回りくどい恋愛感情の吐露などは不要であり、ストレートに肉体関係を求めることの方が重要だったのではないだろうか。

◆「歌垣《うたがき》」で解放する性

また、『万葉集』や『古事記』『風土記』には「歌垣」の歌というのが多く収録されている。歌垣とは若い男女が山や野、水辺などに集まって歌を詠い合い、最終的には男女がカップルになって性を謳歌するものである。もともと天皇などが高い丘の上などに登って一円の地勢や民の生活状況を視察する「国見《くにみ》」に淵源《えんげん》するといわれ、農民の間でも高みに登って周囲の田畑の状況を見て、その年の豊凶を占う農耕行事に発展したらしい。これが若い男女の求婚や見合いの場となり、さらには性の解放の場ともなったようである。

「歌垣」の語は男女が垣根のように円陣を組んで「歌を懸け合った」ことに由来するといわれ、常陸《ひたち》（現在の茨城県）の筑波山や摂津《せっつ》（現在の大阪府）の歌垣山、肥前《ひぜん》（現在の佐賀県と長崎県）の杵島山《きしまやま》などが歌垣の山として知られている。

性的欲求は人間の欲望の中でも最も抑えがたいものであるが、その性的衝動を発動することによって人間はしばしば過ちを起こす。イザナミのようにいとも簡単に同意してくれれば良いが、同意なしに性行為に至れば立派な犯罪になる。

歌垣が行われた茨城県の筑波山

だから、古来、宗教や哲学は性的欲求の抑制に力を入れてきた。紀元前三世紀にギリシャのゼノンが提唱したストア学派（ストイシズム）は理性を磨くことによって性的欲求を克服しようとした。これがストイック（禁欲的な）の語源である。仏教の戒律《かいりつ》では出家者は男女が二人きりで話をすることすら禁じており、在家者《ざいけしゃ》も配偶者以外と交わることを固く禁じている。キリスト教やイスラム教などの宗教も性的欲求を厳しく戒めている。

ただし、性的欲求は人間が本性として兼ね備えているもので、容易には断つことのできない難物である。だから、歌垣のような解放の場を設けることも世界各地で行われてきた。日本では平安時代の末から鎌倉時代にかけて念仏が大流行し、各地で在家《ざいけ》向けの念仏会が開かれるようになった。そして、念仏会には泊まり込みで男女が集まり、無礼講の場になったらしい。吉田兼好も『徒然草』の中で、念仏会のときに横にいた女性に寄り添われて閉口したことを記している。

神にも適材適所がある
――転職に失敗した海幸彦《うみさちひこ》と山幸彦《やまさちひこ》

アマテラスの孫に当たるニニギが日向《ひむか》（現在の九州南東部）の高《たか》千《ち》穂《ほ》の峰《みね》に降臨したとき、笠沙《かささ》の御前《みさき》で大変美しい女性と出会った。コノハナノサクヤビメである。コノハナノサクヤビメに一目ぼれしたニニギはすぐさま結婚を申し込み、コノハナノサクヤビメもこれに同意した。

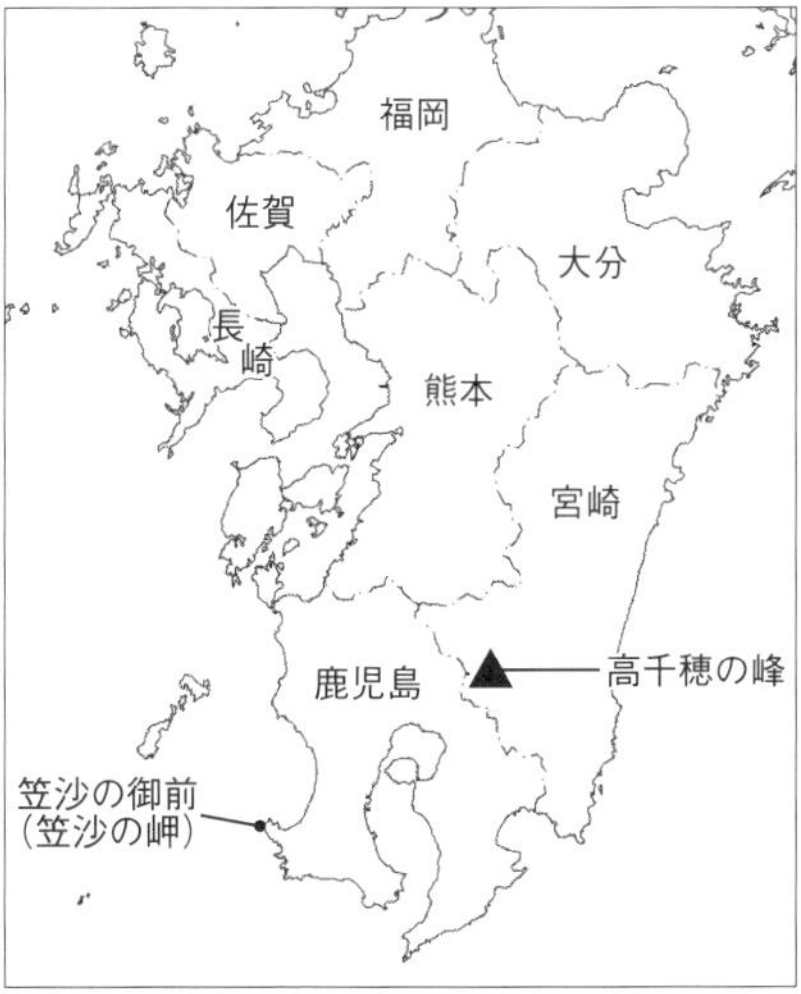

ニニギが降臨した高千穂の峰と、コノハナノサクヤビメと出会った笠沙の御前（現：野間岬）
（地理院地図Vectorを加工して作成）

そして、生まれたのが火照命《ほでりのみこと》と火遠理命《ほおりのみこと》である。長じて兄の火照命は海で魚を獲ることを生業としたことから海幸彦（以下、ウミサチという）、弟の火遠理命は山でさまざまな獣を獲って暮らしたことから山幸彦（以下、ヤマサチという）と呼ばれている。

◆お兄さん！ 職を交換してみましょう！

あるとき、弟のヤマサチが「お兄さん！ たまには職場を変えて、私が海で漁をし、お兄さんが山で猟をしてみませんか？」と持ち掛けた。兄のウミサチは腹黒く気難しい性格で、弟の申し出を即座に断った。

それでもヤマサチは再三にわたって職場を交換することを願った。遂に根負けしたウミサチは嫌々ながら同意することになった。ヤマサチは兄から釣り道具一式を借りて海に行き、ウミサチは弟の弓矢を持って山に出かけた。

しかし、二人とも全く成果を上げることができなかった。ウミサチはやっぱり「餅は餅屋」というように、職場を変えたところで何の成果も上がらないから、交換した道具を元に戻そうと言った。

ところが、ヤマサチは兄から借りた大切な釣り針を魚に取られて無くしてしまったのである。そのことを兄に正直に伝えると兄は大いに立腹し、釣り針を返せとものすごい剣幕で迫った。そこでヤマサチは自分の剣を鋳《い》潰《つぶ》して五〇〇本（実数ではなく非常にたくさんのという意味）もの釣り針を作って兄に渡した。しかし、もともと意地の悪い兄は承知しない。無くした釣り針を捜し出して返せと迫ったのである。

ヤマサチは途方に暮れて海辺に力なく腰を下ろして涙に暮れていた。そこへみすぼらしい身なりで痩せ衰えた貧相《ひんそう》極まりない老人がやって来て、なぜ泣いているのかと声を掛けた。ヤマサチが事情を話すと老人は釣り針捜しを手伝ってくれると約束した。

ヤマサチは老人の指示で造った竹籠の舟に乗り、老人の教えに従って海中の道を進み、「龍宮」に至った。そこで海の神の総元締めである海神《わたつみ》（『日本書紀』での表記。『古事記』では綿津見《わたつみの》神《かみ》）の助けを借りて、兄に借りた釣り針を発見し、無事に地上に帰ることができたのである（龍宮での話は一五九ページ参照）。

この老人は塩土老翁《しおつちのおじ》（以下、シオツチという）という日本の潮路《しおじ》を司る神で、製塩の祖としても崇められ、宮城県の鹽竈《しおがま》神社の祭神として厚く崇敬されている。いかにも風采の上がらない姿とは裏腹に、タイミングよく現れて極めて重要な示唆を与える神で、神武《じんむ》天皇に将来発展が望める大和《やまと》の存在を教えたり、神武天皇の東征の折に皇軍《こうぐん》を先導したりしたのもシオツチである。

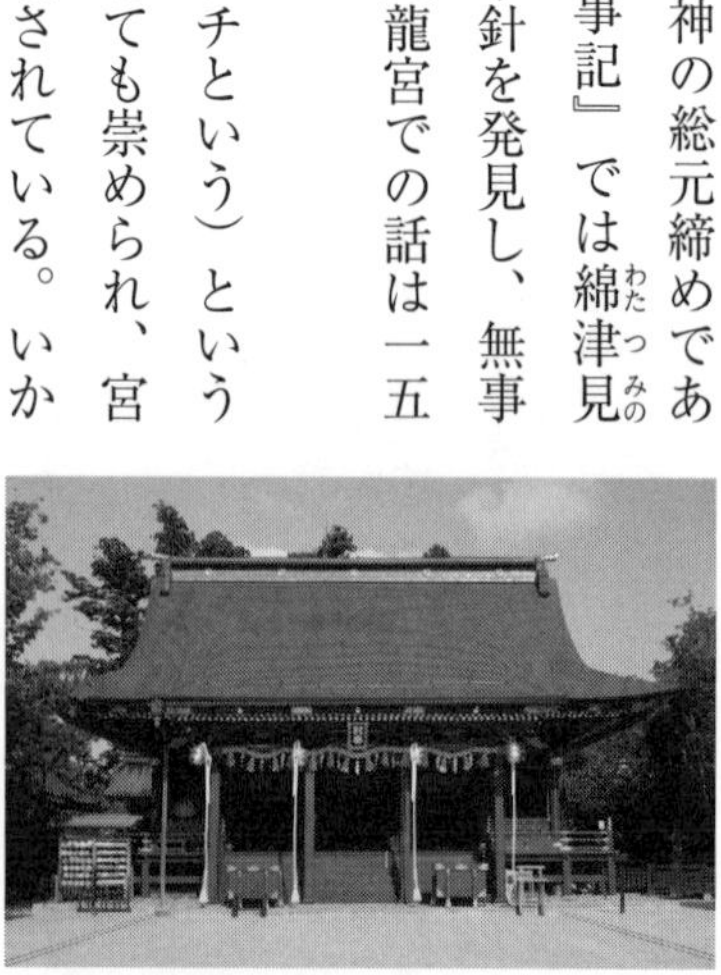
宮城県／鹽竈神社の別宮拝殿
（提供：鹽竈神社）

◆神々の転職と転勤

前述したように、ウミサチ、ヤマサチの転職は短期間で失敗に終わった。神にも適材適所があったということだ。

一方、転職した（環境が変わった）ことで更生を果たしたのがスサノオである。スサノオは海原を治めろといった父の命令に従わず、高天原《たかまがはら》に昇って大暴れをした挙句に追放されて出雲に降臨した。そして、ヤマタノオロチを退治して意中のクシナダヒメと結婚し、出雲の地を開拓して多くの子孫を残して繁栄に導き、国神《くにつかみ》の祖となった（六〇ページ参照）。それから六代目の孫がオオクニヌシである。手の付けられない乱暴者だったスサノオは見事に更生したのである。

神代の裁判
——アマテラスとスサノオの誓約《うけい》

スサノオは、父親であるイザナキの「海原を治めよ」という命令に従わず、いつまでも駄々をこねていた。これに怒ったイザナキはスサノオを勘当して、遠い国に行ってしまえという。

これを受けてスサノオは、旅立つ前にせめて姉のアマテラスに暇乞《いとまご》いをしようと高天原《たかまがはら》を目指した。すると、大音声が轟いて山が鳴動《めいどう》する大変な喧騒になった。天界からこの様子を見たアマテラスをはじめとする天神《あまつかみ》は、スサノオが高天原を乗っ取りに来たと邪推する。

そこで、アマテラスは髪をミズラ（古代の男子の髪型）に結ってたくさんの勾玉で飾り、弓を携えて非常にたくさんの矢を持ち、堅い地面が腿《もも》まで埋まるほど踏み込んで仁王立ちになり、臨戦態勢でスサノオを待ち受けた。そして、スサノオが到着すると「お前はどうして高天原にやって来たのだ?」と激しい調子で言った。

これに対してスサノオは「私には高天原を乗っ取ろうなどという野心は毛頭ありません。ただ、遠くの国に去る前に姉上に暇乞いをしようと思って参りました」と言った。それでもアマテラスの疑いは解けず、それなら何かの方法で身の潔白を証明して見せろと迫った。

そこでスサノオは「それではお互いに誓約をして子を生みましょう」と言った。

誓約とは、あらかじめ「○○だったらこう、××だったらこう」と判断基準を決めておいて、その結果の如何《いかん》によって事の吉凶、成否、正邪などを判断する占いの一種だ。アマテラスとスサノオの場合は、生まれた子どもの性別によって正邪を判断しようとしたのである(ただし、『日本書紀』ではここで「スサノオが女の子を生んだら邪心がある。男の子を生んだら邪心のない清い心を持っている」と判断基準を決めたのだが、『古事記』では基準が不明のまま行われた)。

ここで「子を生む」とは生物的な生殖によるものではない。神は、ある動作をしたとか、涙を流した、モノを落としたときなどに子が生まれるのである。このことはイザナキが左目を洗ったときにアマテラスが、右目を洗ったときにツクヨミが、鼻を洗ったときにスサノオが生まれたという記述からも知ることができる。

さて、アマテラスはスサノオが佩《は》いていた十《と》拳剣《つかのつるぎ》を借りて三つに折り、天の真名井（高天原にある神聖な井戸）で洗い清め、口に押し込んでカリカリと嚙み砕いて噴き出した。すると、霧状になった呼気の中から三柱《みはしら》の女神が生まれた。一方、スサノオはアマテラスがミズラや左右の手に巻いていた勾玉《まがたま》を連ねた飾りを借り受けて天の真名井で洗い清め、嚙み砕いて噴き出した。すると霧状の呼気の中から五柱《いつはしら》の男神が生まれた。

このとき、アマテラスが「五柱の男《お》の子は私の勾玉から生まれたので私の子である。三柱の女《め》の子はお前の剣から生まれたので、お前の子である」と言ってスサノオに三女神を引き渡した。ここに、スサノオは誓約に勝利して身の潔白が証明され

たことを記紀ともに記している。

しかし、ここで記紀の記述が混乱をきたしている。前述したように、『古事記』では男神を生むか女神を生むかについて事前の取り決めはないが、『日本書紀』には「男の子」が生まれたら身の潔白が証明されるとハッキリと書いてある。しかし、記紀はともに三女神の誕生をもってスサノオの勝利を認めている。なぜ、このようなことになったのか、諸説あるがハッキリしたことは分からない。

◆代表的な誓約――「探湯《くかたち》」

「誓約」は古代社会で行われていた占いの一種で、呪術的な裁判でもあった。古くは世界中で行われており、つい最近まで行われていた地域もある。

誓約にはさまざまな方法があるようだが、よく知られているのは、煮えたぎった湯の中に手を突っ込み、真実を述べている者は火傷をしないが、虚偽を述べている者は大火傷をするというもので、「探湯」と呼ばれた。「誓湯」とも書き、『日本書紀』では「盟神探湯」の字が使われている。このような手法は広く世界中に見られるようで、熱湯ではなく煮えたぎった油の中に手を入れる例や、毒蛇の入った壺の中に手を入れさせて正邪を判断するものもあるという。また、探湯の例としては『日本書紀』に次のような話が掲載されている。

◆臣下の忠心を探湯で明らかに

第十五代・応神《おうじん》天皇の九年四月、天皇は筑紫《つくし》（現在の九州）に武内宿禰《たけのうちのすくね》（以下、タケノウチという）を派遣して熊襲《くまそ》を監視させた。タケノウチは第十二代・景行《けいこう》天皇から第十六代・仁徳《にんとく》天皇まで五代の天皇に仕え、三六〇歳あまりの寿命を保ったという人物である。

タケノウチには甘美内宿禰《うましうちのすくね》（以下、ウマシウチという）という弟がいたが、ウマシウチは腹黒い男で、常日頃から兄のタケノウチを排除して、兄から地位を奪ってその地位に就こうと画策していた。そして、タケノウチが筑紫に滞在しているのを好機と見たウマシウチは「タケノウチには常に天下を取ろうという野心があります。今、筑紫にいて密かに言うには『筑紫を割譲《かつじょう》して三韓《さんかん》（朝鮮半島にあった百済《くだら》、新羅《しらぎ》、高句麗《こうくり》の三国）を従わせることができれば、自分は天下を取ることができる』と申しているそうです」と応神天皇に讒言《ざんげん》した。

この言葉を真に受けた天皇は使者を派遣してタケノウチを殺すことを命じた。これを知ったタケノウチは「私にはそんな野心はまったくない。常日頃から忠心を持って天皇に仕えているのに、なぜ、無実の罪で殺されなければならないのか？」と嘆いた。

これを聞いた壱岐直《いきのあたい》（古墳時代の豪族）の先祖に当たる真根子《まねこ》という人がタケノウチを気の毒に思い「大臣は忠心を持って天皇にお仕えし、腹黒い心のないことは世間の人がみな知っています。朝廷に行き、罪のないことを弁明してから死んでも遅くありません。大臣に似ていると言われている私が、大臣に代わって死にましょう」と言って即刻、剣を抜いて自分の身に突き刺して真根子は死んでしまった。

これを見たタケノウチは大いに悲しみ、密かに筑紫を逃れて船で南海を経由し、紀伊の港から上陸して大和《やまと》に着いた。そして、朝廷に出向いて天皇に罪のないことを弁明した。天皇はタケノウチの弁明では正邪の判断がつかず、ウマシウチと探湯をさせることにした。

大和の磯城《しき》川の辺に斎場を設け、湯を煮えたぎらせた中に二人に手を入れさせた。すると、タケノウチは無傷だったが、ウマシウチは大火傷をして正邪は歴然となった。ここにタケノウチは太刀を抜いてウマシウチを斬り殺そうとした。しかし、応神天皇がこれを止めてウマシウチは命だけは助かった。その後、天皇の命によりウマシウチは紀《きの》直《あたい》の奴隷として仕えることになった。

紀直（紀氏《きうじ》）は紀国《きのくに》（現在の和歌山県）を支配した古代豪族で、タケノウチの子でありウマシウチの甥に当たる紀角《きのつの》を祖とする。つまり、ウマシウチは罪一等を減じられたものの、甥の支配下で、しかも奴隷として働くという屈辱を負わされたのであり、ウマシウチとしてはいっそ兄に殺された方が良かったのかもしれない。

◆偽りの氏姓《うじかばね》を探湯で正す

第十九代・允恭《いんぎょう》天皇の時代、世の人々の氏姓が乱れた。各友緒《とものお》（部民―大和朝廷の隷属民―を統率管理する族長）には朝廷から名が与えられたが、その氏姓を勝手に変え、中には天皇の後裔《こうえい》であるとか天孫降臨のときに天降ってきたなどと言うものもおり、本当の氏姓が分からなくなっていた。

これを憂慮した天皇は甘橿丘《あまかしのおか》（奈良県高市郡明日香村）に諸々の友緒を集め、探湯を行って真偽を確かめることにした。このときも甘橿丘に釜を据えて集まった人々に斎戒沐浴《さいかいもくよく》させた上で探湯に臨ませた。友緒が次々に探湯をしていく中で、真実を述べているものは火傷をしなかったが、虚偽の氏姓を名乗っているものは大火傷をした。それを目の当たりにした人たちの中で、偽りの名を語っているものは怖気づいて釜の前に進むことができなかった。以降、偽りの名を語るものはいなくなり、世の中は平静を取り戻したという。

先の応神天皇の時代の探湯も然りだが、熱湯に手を入れれば虚偽を言っているかどうかは別として、誰もが火傷をするだろう。従って本当に熱湯に手を入れたということは考えにくい。恐らく『日本書紀』の記述が示すように天皇以下、多くの立会人が見守る中で熱湯に手を入れることを強要されると、氏姓を偽っているものは怖気づいて前に進めなくなる。実際に湯に手を入れなくても、それによって詐称が発覚したのだろう。

允恭天皇は五世紀前半に実在したと考えられている。大和政権が成立したとされる四世紀ごろ（諸説あり）には氏姓も与えられていたが、允恭天皇の時代にはすでに乱れていたと考えられる。そのような史実がこの話には反映されているのではないか。そして、大化の改新以降の律令制《りつりょうせい》では氏姓制度が再編成され、地方豪族の支配下にあった一般民衆でも、朝廷に出仕して建築や土木などさまざまな職掌や兵役に就いたものは、氏姓を授けられることになったのである。

神々の罪と罰
――スサノオの刑罰

高天原《たかまがはら》で大暴れをしたスサノオは、アマテラスの岩戸隠れ（一一三ページ参照）の後、罰として髭（『日本書紀』では髪）を切られ、爪を抜かれた上、たくさんの貢物を課せられて高天原を追放された。

◆髪を切る刑罰

髪や髭を切るのは古代の刑罰の一つと考えられるが、これと同じような刑罰は後世に至るまで行われている。

髪を結う習俗は古代より世界中にある。多くの場合、髪の結い方によって身分や民族の違いを表しており、髪型は重要なステイタスシンボルの一つだった。そして、罪を犯した場合は髷《まげ》を解いてそのステイタスを奪うことによって辱めることを、刑罰の一つとした。

江戸時代の日本でも罪人は、晒し者にされたり市中引き回しの上獄門に処せられたりするときには、男女を問わず髷を下ろしてザンバラ髪にされた。また、ロシアではシベリア送りになった罪人は頭髪を半分剃り、逃走してもすぐに一般人と見分けがつくようにしていたという。現代でも受刑者の髪型は国によってさまざまで、アメリカなどでは自由になっている。日本では男性の場合未だ五分刈りが強制されるが、人権侵害だとの指摘もある。

◆仏教徒の剃髪《ていはつ》

仏教では釈迦の時代（紀元前五世紀）から出家の僧侶は剃髪するのが決まりだった。釈迦の在世当時、インドではバラモンといわれる修行者の多くは長く伸ばした髪を法螺貝《ほらがい》のように巻き上げて結っていた。現在もヒンドゥー教の修行者は古代と変わらぬ髪型をしている。

ほかの宗教にも剃髪のものはいたが、仏教の修行者のように、そろって剃髪するというのは当時のインドでは異例だったのである。これは先に述べたような刑罰の意味はなく、宗教上の理由である。また、俗人や他の宗教の修行者と区別する意味もあったと考えられる。また、仏教はすでに釈迦の時代から教団を組織し、修行者たちはその教団の施設（当時は僧院といい、後世の寺院）で共同生活をしていた。その中で剃髪することは衛生状態を健全に保つ意味でも重要だったのではないだろうか。

中国に仏教が伝えられたとき、儒教の側から剃髪が非難された。儒教は「孝《こう》」、つまり、親に孝行することを重要視して教義の中心においている。その孝の思想に照らせば親からもらった髪の毛を、親の承諾を得ないで切ることは親不孝と考えられたのである。

また、イスラム教ではメッカに参詣した最終日に髪を短く切る風習がある。これは修行を終えたことの証《あかし》となるものと考えられている。

◆罰金刑と追放刑

『古事記』には「八百万《やおよろず》の神共に議りて、須佐之男命《すさのおのみこと》に千位《ちくら》の置戸《おきど》を負わせ」て高天原から追放したと記されている。「千位の置戸」とは、罪穢《けが》れを祓《はら》うときに台の上に載せて献上する品物のことである。これが具体的に何であったかは述べられていないが、『古事記』が編纂された奈良時代のはじめの風習に従えば絹織物や米だったと考えられる。

　つまり、スサノオは髭を切り爪を抜くという体刑のほかに、いわば罰金刑を負わされたのである。さらにスサノオは高天原から追放される「追放刑」にも処せられた。神を追放することを「神逐《かんやらい》」というが、追放刑の起源はスサノオにあるともいわれている。この刑は永久追放で、元の住所に戻ることが許されない、死刑に相当する重い刑だったが、この記述は記紀の神話が成立した奈良時代のはじめにはすでに追放刑があったことを示唆している。

　また、追放刑と同じように僻遠《へきえん》の地に追いやる「流刑《るけい》」があるが、こちらは刑期を終えると自由の身になって元の住所に帰ることができた。流刑も早くから行われ、

天皇や貴族をはじめ、身分の高い者も多く遠隔地に流された。鎌倉時代末の混乱期に後醍醐天皇が隠岐《おき》の島に流されたことはよく知られている。また、鎌倉時代には親鸞《しんらん》が越後に、日蓮は佐渡に流された。

流刑は牢獄に収監されるのではなく、流刑地に行って、その地域で一定期間暮らすことを強いられたのであるが、都から遠く離れた僻遠の地で暮らすことは物理的にも精神的にも大変な屈辱だったようである。

江戸時代になると一般に「島流し」といわれるようになり、重罪人は江戸から八丈島に流されたほか、軽微な罪の場合は「江戸十里四方追放」という刑もあった。これは日本橋を中心として五里以遠に追放するものである。

また、このような流刑は世界中で行われており、ワーテルローの戦いで敗れたナポレオンがセント・ヘレナ島に流されたことは有名である。また、ロシアではシベリア送りという追放刑が二〇世紀の初頭まであった。極寒に耐え兼ね流刑者の多くは流刑地で命を落としたという。

◆律令《りつりょう》時代の刑

また、自由刑の中には「徒刑《ずけい》」という刑罰がある。これは犯罪者を一定期間拘留して労役《ろうえき》（労働）を強制するもので、中国の秦や漢（紀元前二世紀ごろ）の量刑に淵源《えんげん》し、これに倣って日本では律令の中で三番目に重い刑と定められていた。今も受刑者はさまざまな作業をしていることが多いが、これは徒刑とは違って更正のために行われるものである。

古代の日本の律令にはむち打ち、杖打ち、労役、流刑、死刑の五刑が定められていた。そのほかに、実刑に代えて量刑相当の銅を納付する「贖銅《しょくどう》」という制度があった。これは現在の罰金刑と同様の性質のものである。

◆罪を祓うという考え

古代の罰金刑は刑法や行政法上の罰則というよりも、神への贖罪という意味合いが強かったと考えられる。スサノオの例でも「千位の置戸」は神々に捧げられているのであり、スサノオは祀《まつ》る神となって、八百万の神々を祀っているのである。

神道の基本は罪穢れを取り除く「祓い（祓え）」にある。日本の神は殊の外清浄《しょうじょう》を好む。だから、罪穢れを落とさずに神に近づくことはできないのであり、もし、近づいた場合には神罰が当たると考えられていた。

黄泉国《よみのくに》を訪問して穢れを帯びたイザナキが、穢れを祓うために水で清めたのが禊祓《みそぎばら》いの始まりとされている（一二八ページ参照）。神社仏閣の手水舎《てみずや》で手と口を洗うのは簡略な禊祓いで、神に近づくときには不可欠の行いとされている。スサノオの「千位の置戸」にも贖罪とともに祓いの意味が込められていたと考えられる。つまり、貢物や賠償が穢れを祓うことになるのである。

手水舎

神も占いに頼った
――政治に使われていた占い

太古の昔から占いは世界中で行われており、科学技術が長足の進歩を遂げたAIの時代になっても人気の衰えを知らない。最近では占いの専用サイトも登場し、あるサイトは数百人の占い師を抱えてスマートフォンで利用できるというから驚きである。

中国発祥で日本でも盛んに行われている「八卦《はっけ》」、西洋の「タロット占い」、大嘗祭《だいじょうさい》でも話題の「亀卜《きぼく》」、時代劇によく登場する「辻占《つじうら》」など実にさまざまな占いがある。平安時代に流行った「陰陽道《おんみょうどう》」も占いの一種である。記紀の神話にも占いがたびたび登場する。

◆アマテラスの岩戸隠れと鹿卜《ろくぼく》（太占《ふとまに》）

高天原《たかまがはら》でのスサノオの乱暴狼藉（一八〇ページ参照）に恐れをなしたアマテラスは、天《あめ》の岩屋の戸を開けて、中に隠れてしまった。太陽神であるアマテラスが隠れてしまったことにより、世界は暗闇に包まれ、さまざまな禍《わざわい》が起こった。そこで、高天原の神々が集まってアマテラスを引き出す算段をした。その結果、知識者の思《おも》金神《かねのかみ》（以下、オモイカネという）の考えた策で、神々は天の岩屋の前で大騒ぎをした。アマテラスは、自分が閉じこもっているはずなのに大騒ぎをする外の様子が気になり、岩屋の戸を少し開けて、踊り狂う神に事情を聞いた。すると「あなた（アマテラス）よりも尊い神がお出ましになったので、それを祝している」と言う。そんなやり取りをしながら、アマテラスが少しだけ外に出た瞬間、怪力の天手力男神《あめのたぢからおのかみ》がアマテラスを外に引っ張り出した。こうして世界に太陽が戻った。これが、有名なアマテラスの岩戸隠れ（天の岩屋神話）である。

そして、オモイカネがこの打開策を実現させるために行った準備の一つとして、『古事記』には「天児屋命《あめのこやねのみこと》・布刀玉命《ふとだまのみこと》を召して、天の香山の真男鹿《まおしか》の肩を内《うつ》抜きに抜きて、天の香山の天のははかを取りて、占合《うらな》ひまかなはしめて」と記されている。

天児屋命は藤原氏の、布刀玉命は忌部氏《いんべ》（後の斎部氏《いんべ》）の遠祖とされる神である。天の香山はもともと高天原にあった山と考えられるが、後には大和三山《やまと》（九四ページ参照）の一つがその伝承地となった。「真男鹿」は文字通りオスの鹿のことで「真（ま）」は語感を強めるための接頭語。「肩」は肩の骨、つまり、肩甲骨。「ははか」はウワミズザクラというバラ科の落葉高木で「波波迦」の字を宛てる。

細長いイチョウの葉のような形の鹿の肩甲骨の所々に文字を書き、それを波波迦の木を薪として炙り、ヒビの入り方で吉凶などを占う。これを「鹿卜」あるいは「太占」といい、古来、吉凶などの占いの手法として行われてきた。つまり、オモイカネら高天原の神々は、占いをして神意を伺ったのである。

鹿卜は現在も東京奥多摩の武蔵御嶽《みたけ》神社と群馬県の貫前《ぬきさき》神社で行われている。武蔵御嶽神社では毎年一月三日に行われ、早稲《わせ》、晩稲《おくて》、粟、稗、ジャガイモ、ニンジンなど二五種類の作物の作柄が占われる。鹿卜は神官のみによって行われる秘儀だが、その結果は紙に書かれて参拝者に有料で配られている。

◆大嘗祭で行われる「亀卜《きぼく》」

また、鹿卜と似た卜占《ぼくせん》に「亀卜」がある。鹿卜の起源についてハッキリしたことは分からないが、亀卜よりも以前から行われていたとされている。亀卜は中国から伝えられ、日本では早くから朝廷の神事に取り入れられたものと考えられる。

鹿卜が鹿の肩甲骨を用いるのに対して亀卜はその名の通り亀の甲羅を用いる。亀の甲羅に一定の線を引いて、波波迦の木を薪として炙り、ヒビの入りようによって吉凶を占う。古くは対馬、壱岐、伊豆に亀卜を司る世襲の卜部《うらべ》がおり、大嘗祭のときなどはそれらの卜部が招聘《しょうへい》されて占った。また、陰陽道を司る陰陽寮では亀卜が公式の卜占と定められた。

大嘗祭とは天皇が即位した後、最初に行われる新嘗祭《にいなめさい》のことで、重要な即位儀礼である。新天皇が新穀（新米）を炊き上げてアマテラスをはじめとする八百万《やおよろず》の神に供えるのが大嘗祭の趣旨である。この大嘗祭に使う米を作る斎田《さいでん》（東日本は悠紀《ゆき》田《でん》、西日本は主基田《すきでん》）を選定するために、亀卜が行われる。まず亀卜で悠紀田と主基田の都道府県を決定する。その後、決定された都道府県の中から悠紀田と主基田を一ヵ所ずつ選ぶのである。

亀卜には、アオウミガメの甲羅を乾燥させたものを、野球のホームベースのような形に加工して用いる。二〇一九年の大嘗祭に先立つ亀卜には東京都の小笠原村から調達した亀の甲羅が使われた。アオウミガメをはじめとするウミガメはすべて絶滅危惧種に指定されていて捕獲が禁止されているが、小笠原はアオウミガメなどウミガメの一大増殖地で、東京都知事の許可を得て一定量の捕獲が認められている。

◆神功《じんぐう》皇后の占い

神功皇后*は第十四代・仲哀《ちゅうあい》天皇の后《きさき》で、第十五代・応神《おうじん》天皇の生母である。皇軍を率いて新羅《しらぎ》（朝鮮半島南東部にあった国）に遠征し、瞬く間に平定したと伝えられている。このとき、応神天皇を孕《はら》んでおり、すでに臨月を迎えていたことから、遠征の途中で生まれないように股間に石を挟み縄できつく縛って進軍したという。日本の歴史の中でも最大の女傑といわれている皇后である。

仲哀天皇は朝廷に背いている熊襲《くまそ》（九州南部に拠点を置いていた種族）を成敗するために神功皇后を伴って筑紫《つくし》（現在の九州）に遠征した。そして、天皇が群臣を集めて琴を弾いて戦いの成否を占った。すると、傍らにいた神功皇后が俄《にわ》かに神憑《かみがか》り（トランス状態）になり、西の方に莫大な金銀財宝の眠る国があるとの託宣《たくせん》が下った。

琴を弾くのは古代の占いの手法で、本来は奏者本人が神憑りとなって託宣が下るのであるが、この場合は傍らにいた神功皇后が神憑りとなった。古今を問わず女性の方がトランス状態になりやすいといわれ、邪馬台国《やまたいこく》の卑弥呼《ひみこ》も神憑りになって神託を受け、それに従って政《まつりごと》（政治）を行っていたことはよく知られている。

神功皇后に下った神託を聞いた仲哀天皇は高みに登って西の方を見たが、大海原が続くばかりで国など何も見えない。それで天皇は、いい加減なことを言う神だと言って琴を押しのけて黙って座り込んだ。すると、神は大いに怒って、だいたいこの天下はあなたが治めるところではない。あなたは黄泉国《よみのくに》（死者の国）に真っすぐ行くべきだ、と言った。

このとき傍らに控えていた参謀のタケノウチが慌てて天皇に琴を弾くように言った。そして、天皇が不承不承《ふしょうぶしょう》琴を取って弾いたが、すぐに琴の音は聞こえなくなった。タケノウチが灯をかざして見ると、天皇はすでに亡くなっていた。神を疑い罵ったために神罰が当たったのである。

これに驚いた臣下のものが天皇の遺体を殯宮《もがりのみや》（死体を葬儀までの間、一時安置して霊を鎮めるところ）に安置して懇《ねんご》ろに祓《はら》いを行い、タケノウチが神託を伺った。すると神が、この国はすべて皇后（神功皇后）のお腹の中にいる御子（後の応神天皇）が統治すべきであるという神託を下した。

これを聞いたタケノウチがその御子は男児か女児のいずれかと問うと、神は「男児である」と答えた。そして、タケノウチが神託を下している神の名を尋ねると、アマテラスの意向で遣わされた底筒男神《そこつつのおのかみ》・中筒男神《なかつつのおのかみ》・表筒男神《うわつつのおのかみ》の三神であると答えた。

これら三柱《みはしら》の神は「筒男三神」と呼ばれ、また、大阪の住吉大社の祭神であることから「住吉三神」とも呼ばれている。イザナキが黄泉国でイザナミと別れた（四〇ページ参照）あと、黄泉国の穢《けが》れを祓うために川に入って禊《みそぎ》を行ったときに生まれた神である。瀬の深いところで生まれたのが底筒男神、中ほどの深さのところで生まれたのが中筒男神、水面近くで生まれたのが表筒男神であるという。

そして、これから本当に西の国を平定したいと思っているなら、自分たち三柱の神を鄭重《ていちょう》に祀《まつ》って船出をすべきであると言った。そこで神功皇后は神託の通りに三神を鄭重に祀り、軍勢を調えて新羅に向けて出港し、順風を得て瞬く間に新羅を平定したという。

＊　神功皇后
日本の天皇については、古くから「欠史八代《けっしはちだい》」といわれ、第二代・綏靖《すいぜい》天皇から第九代・開化《かいか》天皇までの八代の天皇が実在しなかったとされている。しかし、それ以外にも実在が疑われている天皇がある。まず、初代現人神《あらひとがみ》・神武《じんむ》天皇が筆頭に挙げられる。そして、第十四代・仲哀天皇の実在も疑われており、存在しなかった可能性が高い。従って、神功皇后についても非実在と見るのが有力な説である。

◆神功皇后の「鮎釣り伝説」

神功皇后には、もう一つ逸話がある。新羅遠征を前に神功皇后は肥前《ひぜん》の国・松浦《まつら》（現在の長崎県平戸のあたり）に行き、そこの河原で昼食を取った。その折、持っていた針を曲げて釣り針を作り、飯粒をエサにし、裳裾《もすそ》の糸を抜いて釣り糸にして、魚釣りをして神意を伺った。そして、「私は西の方の宝の国を求めています。もし、その国を得ることができるなら、魚よこの釣針を食え！」ととなえて糸を垂れた。

　するとすぐに魚が釣れ、これを見た皇后は「珍しい魚だ」と言った。そこで、この国は梅豆羅国《めずらのくに》（珍しい国という意味）というようになり、訛《なま》って松浦というのだという。そして、占いの結果、釣れた魚は魚偏に「占」と書いて「鮎」というようになった。

　釣れた魚の種類などで吉凶や運勢を占うことは日本ばかりでなく、広く世界中で行われていたようである。そして、現代でも魚を使った占いは結構行われていて、人気があるらしい。

◆兄妹の秘密を当てた占い

『古事記』によると、允恭《いんぎょう》天皇には九人の子どもがあり、同母の兄妹に木梨軽皇子《きなしのかるのみこ》と軽大娘皇女《かるのおおいらつめのひめみこ》がいた。第一皇子の木梨軽皇子は容姿端麗で皇太子になることが決まっていた。また、妹の軽大娘皇女も幼少からずば抜けて美しく、その美しさが衣の外にまで光り輝くようだったことから「衣通郎姫《そとおりのいらつめ》」と呼ばれていた。

また、『日本書紀』によれば、実は軽大娘皇女の叔母（允恭天皇の皇后の妹）も極めて美しく「衣通郎姫」と呼ばれており、允恭天皇はこの皇后の妹に恋焦がれ妃に迎えようとした。しかし、姉の嫉妬を恐れた妹は天皇の要請に背いて入内を拒否し続けた。しかし、天皇が使者を遣わして説得に当たらせたところ、やっとのことで入内したという。允恭天皇は叔母の衣通郎姫と皇后との間の経緯などもあって、軽大娘皇女には、実の娘ながら複雑な感情を抱いていたことは想像に難くない。

兄妹は成長するに従って互いに相思相愛の間柄になり、恋心を募らせていった。所詮は叶わぬ恋と心得ていた二人は感情を抑えて日々を過ごしていた。しかし、あるときどうにも堪えることができなくなった木梨軽皇子は、このまま我慢して生きるよりはたとえ処罰されても思いを遂げた方がましだと考え、遂に二人は密かに通じてしまったのである。

もちろん二人は硬く秘密を守っていたが、あるとき允恭天皇の朝食の羹《あつもの》（ツユモノなど）が夏なのに凍った。これを不吉な兆候と見た天皇は占い師を呼んで占わせた。すると、占い師は身内に乱れがあり、同母の兄妹が相姦したのではないかと見立てた。そして、これを聞いたある人が木梨軽皇子と軽大娘皇女が通じていることを告げた。秘密は漏れるのが世の常である。二人の秘密もいつしか朝廷内に漏れていたのだった。

この一件によって世間の人々は木梨軽皇子を軽蔑するようになり、同母弟の穴穂《あなほの》皇子《みこ》を信任するようになった。二人は皇位継承を巡って前々から対立していたが、穴穂皇子はこの時とばかり兵を調えて木梨軽皇子を一気に攻め滅ぼそうとした。これに対して木梨軽皇子も抵抗して兵を挙げようとした。しかし、臣下のものが兄弟同士で戦をすれば世間の笑いものになるからと言って諌《いさ》め、自分が木梨軽皇子を穴穂皇子に引き渡して処分を委ねる旨を忠言した。もはやこれまでと思った木梨軽皇子は臣下のものの家で自害した。そして、軽大娘皇女は伊予に流されたといい、その後の消息は記されていない。

前述の話は『日本書紀』によるもので、『古事記』では軽大娘皇女は流刑になった木梨軽皇子を追って伊予に行き、そこで再会した二人は自ら命を絶ったことになっている。この悲恋物語が本当にあったことかどうかは分からない。しかし、当時は近親間の姦通はしばしばあったようである。そして、文学的、情緒的傾向の強い『古事記』は悲恋物語の定番である心中で終わらせて悲しいロマンの余韻を残した。一方、天皇家の正統性を主張した正史である『日本書紀』は飽くまでも世継ぎである木梨軽皇子の罪を糾弾する形をとっているのである。

◆探湯《くかたち》から派生した占いと民間信仰

「湯立神事《ゆだてしんじ》」という行事を恒例としている神社が全国各地にある。大釜に湯を煮えたぎらせ榊《さかき》や笹の葉に湯を浸して辺りに振り撒《ま》く。この湯に当たった参拝者は無病息災、五穀豊穣などの福を授かるというものである。

面を着け装束をつけた舞い手が舞いながら榊や笹の葉などに湯を振り撒く神楽《かぐら》を奉納している神社もあり、このことから「湯立神楽《ゆだてかぐら》」とも呼ばれている。

これは明らかに「探湯」（一〇九ページ参照）の習俗を現代に伝えるもので、中には素手で湯を払って撒くなど、より探湯に近いものもある。また、珍しいものでは神体を湯につけるもの、海水を煮立たせるもの、湯の中に米を入れるものなどがある。これらは神話などに登場する探湯の習俗が民間信仰や仏教と習合して形を変えたものと考えられる。

もともと神体は、伊勢神宮の八咫鏡《やたのかがみ》や名古屋の熱田《あつた》神宮の草薙剣《くさなぎのつるぎ》に代表されるような、極めて神聖で見ることさえタブーとされている器物であるが、平安時代前後に仏像の影響を受けて神像《しんぞう》（神の肖像）が作られるようになると、神像を神体として祀る神社も増えていった。

湯立神事で湯につける神体の多くは、そのような神聖な神像である。神体を湯につけるなど罰当たりの感もあるが、冬の寒い時季などに神にも温まってもらおうとの心遣いから行われるようになったのかもしれない。また、近世になると「雨降《あめふり》地蔵」「雨降観音」などと称して仏像の首に縄をかけて村中を引き回し、仏像が痛がって流した涙が雨となるという民間信仰が、特に山梨県や長野県で盛んになった。神仏に何らかの試練を与えて幸いを願うという信仰が神体を湯につけるという荒っぽい行為につながったのかもしれない。民間信仰は、さまざまな意図・思惑から変化して今につながっているのである。

湯立神事の様子
（提供：二見興玉神社）

また、本来の探湯の趣旨に立ち返って、神体が火傷をするか否かによって吉凶を占ったとも考えられる。もちろん、神はウソをつかず絶対的に正しいので火傷などするはずがない。立ち合いの氏子《うじこ》たちも安心して見物することができる。

また、湯釜に海水を入れるのは清めの意味がある。相撲取りが土俵に塩を撒くことからも分かるように、塩には古来清めの作用があるとされている。古くは祭礼のときに海から海水を汲んできて境内のそこかしこに撒き、氏子は海水の一部をもらい受けて自宅の要所要所に撒く習俗があった。今でも海浜の神社などでは行われているが、古くは海から遠く離れた山奥の神社でも氏子が何日もかけて海水を汲みに行っていたという。

鎌倉の鶴岡八幡宮では毎年九月中旬の例大祭のころになると、玉垣や狛犬の足元など境内の至る所にワカメやアラメなどの海藻が置かれる。一見ゴミのようだが、これはちゃんと海に行って海水を汲んできたという証拠の品だという。

また、湯釜に米を入れるのは「筒粥神事《つつがゆしんじ》」などと呼ばれる民間信仰で、これも探湯に由来するものであろう。「筒粥神事」とは湯の中に一〇センチか一五センチほどに切った細い竹と米を入れて煮立たせるものだ。竹筒は稲や大豆などの豆類、小松菜や大根など、その神社の鎮座する土地で栽培されている作物の数だけ用意する。

湯がたぎるうちに踊った米が竹筒の中に入り込んだ頃合を見計らって竹筒を取り出して一本ずつタテに割る。そして、竹筒の中に入った米の量でそれぞれの作柄を占うのである。

いずれにしても、古代の裁判の一種だった探湯はさまざまな民間信仰と習合しながら今日に伝えられている。

◆さまざまな占い

日本では伝統的にさまざまな占いが行われてきた。今はもう見られなくなったが「辻占」は各地で見られ人気があったらしい。辻占はその言葉が示すように街の辻(十字路、街頭)に立って通行人の言葉を聞き、自分が願う言葉を聞くことができれば願いが叶うというものである。つまり、受験生が「受かる」とか「合格」という言葉を聞けば合格の徴となる。しかし、「落ちる」とか「すべる」という言葉を聞けば、願いは叶わない。そういうときは後日、出直して望みの言葉を聞くまで辻に立ったという。

これは『万葉集』などの古典にも登場する非常に古い占いだが、江戸時代ごろになると紙縒《こよ》りにしたお御籤《みくじ》を売る「辻占売り」という商売になった。そして、辻占売りは角兵衛獅子《かくべえじし》などの歌舞を行って客を呼ぶようにもなった。

辻占売りは戦前まで行われており、乃《の》木希典《ぎまれすけ》が金沢の街角で辻占売りの少年に憐憫《れんびん》の情を起こして、当時としては大金の二円を与えた逸話はよく知られている。辻占売りなどの少年少女は貧しい家庭から胴元《どうもと》が買い取ったもので、ほとんど賃金も与えられずに働かされていた。乃木に二円をもらった少年は大いに感謝し、その後、奮起して金沢の伝統工芸である金箔作りの名工になったと伝えられている。

辻占は現在は石川県の金沢で、占い入りのお菓子として正月に楽しまれている（提供：株式会社森八）

今も全国の寺社で配られている「お御籤」も占いの一種である。お御籤は平安時代に第十八代・天台座主《てんだいざす》となった良源《りょうげん》（正月三日に亡くなったことから「元三大師《がんざんだいし》」と呼ばれる）という高僧が考案したという日本オリジナルの占いである。もともと専門の僧侶が参詣者の願い事や悩み事を詳しく聞き、その内容を勘案した上で僧侶が御籤札《みくじふだ》を引くものだった。良源が住んでいたという比叡山の元三大師堂では今もこの古式に則った手法でお御籤が引かれている。これが後には紙に「大吉」や「小吉」「凶」などの吉凶の文字と説明を書いた札を参詣者が自ら引くようになった。

また、近年まで農家で行われていた占いには、前述の「筒粥神事」のほかに、「粥占《かゆうら》神事」というものがある。粥占は粥を炊いてその煮え具合で作物の豊凶などを占うものだ。また、出来上がった粥を放置しておいてカビの生え具合で占うことも広く行われていたようである。

「手相」や「人相」など、体の部位の「相」を読む占いは昔から行われており、今も夕方になると街角に「手相占い」の看板をよく見かける。手相占いは手の皺の寄り具合によってその人の運勢などを占うもの。人相占いは顔の骨格や目鼻立ちなどから運勢を判断するものである。

このほかさまざまなものの外見や形状などから吉凶を判断するものに「印相占い」「家相占い」「墓占い」「名刺占い」などがある。印相は印鑑に刻まれた文字の形状などから、家相は家の向きや玄関の位置、間取りなどから、墓占いは墓石の形状や向き、刻まれた文字などから、名刺占いは文字の配置やデザイン、姓名や字画などからその人の運勢を判断するものである。

◆中国生まれの風水《ふうすい》

また、近年、人気の占いに「風水」がある。これは古代中国の都市や住宅、墓などの立地に関する吉凶を占うために用いられたものだ。

風水の別名を「地理」ともいう。つまり地勢を占う一種の学問として発展してきた。風水で重んじられるのが「気」で、これは万物を生成する不可視なエネルギーと考えられている。都市や住宅などを造るには気の流れが良いところが望ましいとされている。気が盛んに流れるところを「穴《けつ》」といい、これが昨今話題の、いわゆる「パワースポット」で、都市や住宅の新設には最適地とされている。

風水の基本は物事の吉凶などを占う「易」にあり、晋の時代（二六五〜四二〇年）に著わされた『葬書』という書物には「風水」の語が見える。

ただ、記紀をはじめとする日本の古典には「占」という語は頻出するが「風水」という言葉は見られず、それは『易経《えききょう》』に基づく易を基盤に陰陽道《おんみょうどう》の中に取り込まれたと考えられる。高松塚古墳などの内部の側壁には「四神《しじん》」と呼ばれる青龍《しょうりゅう》、白虎《びゃっこ》、朱雀《すざく》、玄武《げんぶ》という四つの神獣が描かれており、これは風水に基づいて配置されたという人もいる。しかし、「四神」は中国の神話に登場する架空の動物が星宿《せいしゅく》信仰と結び付いたもので、風水とは関係がない。

香港や台湾などでは今も「風水」が盛んで、とりわけ、墓を建てるときには必ず風水で占う。つまり、気の流れが良い場所に墓を建てれば先祖の平安が約束され、先祖は墓から、遺された親族の住むところに気を流し続け、裕福で幸せな生活を保障してくれると考えているのである。墓を建てるには方角が重要で、台湾や香港の墓地では各々の墓がさまざまな方角を向いている。

これに対して日本の墓は墓地内に列をなして建てられ、同じ列の墓は整然と同じ方向を向いている。台湾や香港のように風水で占って個々の墓の向きが決められるのであれば、一列の墓すべてが同じ方向を向くということはあり得ない。このことからも日本には近現代に至るまで風水という観念がなかったことが分かる。ちなみに日本で墓石を建てることが庶民の間まで普及したのは江戸時代中頃以降のことである。

蒲《がま》の穂（花粉）は傷に効く
——因幡《いなば》の白兎神話

『古事記』では「稲羽之素莵」と表現されているこの話は『日本書紀』には収録されていない。ウサギとオオクニヌシの心温まる交流を描いたこの話は本居宣長《もとおりのりなが》がその文学性を高く評価した『古事記』にはいかにも相応しい話である。一方、天皇家の正統性を主張することを目的とした『日本書紀』の作者たちは、余りにもほのぼのとし過ぎているとして掲載を憚《はばか》ったのではないかと考えられる。

さて、この話の事の発端は八十神《やそがみ》といわれるほど多くのオオクニヌシの兄たちの求婚譚《きゅうこんたん》にある。ただし、八十神の「八十」は八〇人いたという意味ではなく「たくさんの」という意味である。『古事記』の記述から人数は確認できないが、恐らく一〇人以上の兄を想定していたと思われる。

◆兎を助けたオオクニヌシ

あるとき、八十神たちは因幡の国にいる絶世の美女、八上比売《やがみひめ》（以下、ヤガミヒメという）に挙《こぞ》って恋慕《れんぼ》して求婚の旅に出た。

兄たちは末弟のオオクニヌシに、自分たちの荷物をすべて持って同行するように命じた。人（神？）が良くて怪力のオオクニヌシは、それを承諾した。そんなわけで、オオクニヌシは童謡にもあるように大きな袋を担いでいるのである。その荷物の重さには巨漢で怪力のオオクニヌシも閉口し、オオクニヌシは兄たちに遅れをとった。

そして、先行した兄たちが気多《けた》の岬《みさき》に差し掛かったとき、一匹の白兎が皮を剥《は》がれ、丸裸になって苦しんでいた。白兎が一行に助けを求めると、意地の悪い兄たちは塩水に浸かって山の上で風に吹かれていればすぐに治ると教えた。この話を真に受けた白兎が言われた通りにすると、傷はますますひどくな

鳥取県／気多の岬（気多ノ前《けたのさき》）
（提供：鳥取県観光連盟）

り耐え難い痛みに苦しんだ。

そこへオオクニヌシが遅れてやって来て、白兎になぜ苦しんでいるのか理由を尋ねた。すると白兎は「私は隠岐《おき》の島に住んでいるのですが、前々から向こう岸に渡ってみたいと思っていました。そこで一計を案じてワニ（獰猛《どうもう》なサメのこと）たちに声をかけ、『君たちの一族と私たちの一族の、どちらの数が多いか比べてみよう。隠岐の島から気多の岬まで並んでくれたら私がその上を飛び越えて数を数えよう』と持ち掛けました。するとワニたちは私が言った通り気多の岬まで並んでくれました。私はワニの背中を飛び越えて進んでいったのですが、最後のワニの背に乗ったとき『私は気多の岬に行きたくてお前たちを橋代わりに並ばせたのだ。お前たちは騙されたのだ』と言って嘲《あざけ》りました。すると、最後のワニが怒って私に噛みつき皮を剝がれてしまったのです」と息も絶え絶えに言ってオオクニヌシに助け

を求めた。

これを聞いたオオクニヌシは白兎に、真水で洗って、そこに生えている蒲の花粉を敷いて寝転がれば良くなるだろうと告げた。白兎は言われた通りにすると、間もなく血が出なくなり白い毛も再生して完治した。喜んだ白兎はオオクニヌシに「ウソを言って私を苦しめた大勢の神々はヤガミヒメを射止めることができないでしょう。あなたは今は荷物を持たされて下働きをさせられていますが、あなたこそがヤガミヒメを娶《めと》るに相応しい方です」と言った。

白兎の予言は間もなく現実のものとなり、オオクニヌシはヤガミヒメを娶ることになったのである。

◆傷に効く花粉を含む「蒲の穂」

「蒲」は北半球の温帯から熱帯にかけてと、南半球のオーストラリアなど世界の広範な地域に生息する水生植物で、日本では北海道から九州に至る沼沢地や河岸に自生している。高さ二メートルほどに成長し夏季には花茎を伸ばしてその先端付近に穂（蕾）をつける。

白兎が寝転がった花粉は蒲の穂に含まれており、漢方ではこの黄色い花粉を「蒲黄《ほおう》」と呼んで生薬として用いてきた。フラボノイドという、細胞を収縮させる成分が含まれているため、止血作用がある。また、「蒲灰散《ほかいさん》」「蒲黄散《ほおうさん》」などと称して利尿剤としても服用されている。

因幡の白兎が蒲の花粉に寝転がって全身の傷を治したという話は、現代の薬学から見ても理にかなっていたのである。そして、『古事記』が編纂された当時（七一二年）、蒲の花粉は火傷や切り傷の治療薬として広く知られており、活用されていたことと思われる。「蒲の花粉に寝転がって」という話は科学的にも根拠があったのだ。

蒲の穂

◆蒲焼《かばやき》や蒲鉾《かまぼこ》の語源にもなった蒲の穂

盂蘭盆会《うらぼんえ》（お盆）にはこのいわゆる「蒲の穂」を、先祖があの世とこの世を往来するときの杖だといって盆棚に供える風習がある。

また、ウナギの蒲焼の語源であるといわれている。古くはウナギは開かずにぶつ切りにしたものを竹串などに刺して焼いていたといい、その形状が蒲の穂に似ていることに由来するという。蒲鉾の語源も蒲の穂に求められるという。今のように板に中高で弓なりに盛り上げるのではなく、古くは棒に魚のすり身を付けて焼いて食べていたという。今の竹輪《ちくわ》のようなものだが、やはりその矛のような形が蒲の穂に似ていることから「蒲鉾」と命名されたらしい。

第三章

神代から変わらない人情と人の心

今も変わらぬ夫婦愛

——海の藻屑と消えたオトタチバナヒメ

九州の熊襲《くまそ》を討って大和《やまと》（現在の奈良県）に凱旋した日本武尊《やまとたけるのみこと》（以下、ヤマトタケルという）は休む暇もなく父の景行《けいこう》天皇から東国平定を命じられる。妃の弟橘媛《おとたちばなひめ》（以下、オトタチバナヒメという）と僅《わず》かな兵士を連れたヤマトタケルは尾張（現在の愛知県の西部）、相武《さがむ》*を経由して現在の神奈川県横須賀市の走水《はしりみず》から船で房総半島に渡ろうとした。

古く（記紀の時代［八世紀前半］）は神奈川からさらに東（北）に向かう陸路が整備されておらず、横須賀から浦賀水道を渡って千葉県の木更津《きさらづ》辺りに渡り、

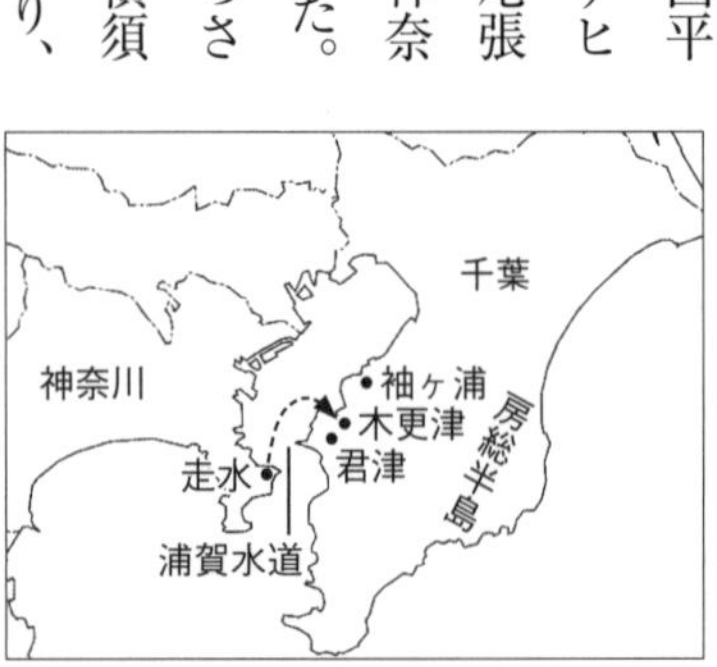

ヤマトタケルの通ったルート
（地理院地図Vectorを加工して作成）

そこから陸路を進んで茨城県の鹿島に至り、鹿島から船で陸奥国《むつのくに》（現在の東北南部）に至るルートを行くのが一般的だったらしい。

浦賀水道は潮の流れが速く航路が狭いことから、今も大型船にとっては難所の一つとされている。記紀の時代の船なら水道（海峡）の狭さは感じなかっただろうが、潮の流れの速さからすれば今と変わらず難所の一つだっただろう。走水の名も潮流が速いことからつけられた地名である。

ヤマトタケルの一行が走水から船に乗り込み海を渡ろうとすると、海神が大きな波を巻き起こし、一行の乗った船は木の葉のように揺れて今にも沈没しそうになった。これを見たオトタチバナヒメは、この上は自分が人柱になって海神の怒りを鎮めようと言って、即座に海に飛び込んだ。すると、それまで大荒れだった海はウソのように鎮まり、無事に対岸の上総国《かずさのくに》（現在の千葉県の木更津辺り）に

着くことができた。

このことからオトタチバナヒメは貞女の鑑とされ、とりわけ、国家神道を国是とした明治以降は神話教育の中心的話題として修身の教科書などにも取り上げられた。一行が船出したとされる横須賀の走水には、浦賀水道を見下ろす丘の上にヤマトタケルとオトタチバナヒメを祭神とする走水神社が鎮座している。この神社の創祀は不明だが、言い伝えによると入水して数日後にオトタチバナヒメの櫛《くし》が流れ着き、これを村人が櫃《ひつ》に納めて祀《まつ》ったのが起源とされている。

この神社がとくに崇敬されるようになったのは、国家神道を採用した明治以降のことである。とりわけ横須賀には海軍の基地が置かれたことから、百戦錬磨の軍神としてのヤマトタケルと、妃で貞女の鑑とされるオトタチバナヒメを祀るこの社は海軍とも縁が深い。日露戦争の折、日本海海戦で不滅の艦隊と呼ばれたロシアのバルチック艦隊を撃破した東郷平八郎や、同じく日露戦争で二百三高地の激戦を制した乃木希典《のぎまれすけ》も参拝して書を残している。

また、無事対岸に着いたヤマトタケルは悲しみに暮れてしばらくの間、このあたりの津（港）を離れなかった。そこで、土地の人はこの津を「君（ヤマトタケル）

が立ち去らなかった」という意味で「君去らず」といい、後に「木更津」の名を宛てるようになった。さらに近くの「君津《きみつ》」の名も同じ由来である。そして、オトタチバナヒメが着ていた衣の袖が流れ着いた場所を「袖ヶ浦」という。

＊　相武

相武国（相模国）は現在の神奈川県であるが、記紀の記述によると現在の静岡県東部の焼津《やいづ》あたりをこう呼んでいる。

◆妻を気遣ったヤマトタケル

オトタチバナヒメは「妾《あれ》（オトタチバナヒメ）御子《みこ》（ヤマトタケル）に易《かわ》りて海の中に入らむ。御子は遣はさえし政《まつりごと》遂《と》げて覆奏《かえりごとまお》したまふべし」と言って、入水する前に次のような歌を残した（『古事記』に掲載されている）。

さねさし　相武の小野に　燃ゆる火の　火中に立ちて　問ひし君はも

が夫よ）

（相模〈相武〉の野に燃え立つ火の中にあっても、私の安否を尋ねてくださった吾

「さねさし」は相武の枕詞。ヤマトタケルが相武の枯野（現在の静岡県の焼津）で地元の豪族に騙されて火を放たれ、絶体絶命の危機に陥っていたときにも、夫（ヤマトタケル）は自分（オトタチバナヒメ）のことを心配してくれた。だから、今度は自分が夫を思いやり助ける番だといった意味である。

悲しみに耐えて東国を平定して帰途に就いたヤマトタケルは、各地の荒ぶる神を鎮めて足柄山《あしがらやま》（神奈川県と静岡県の県境にある山）の麓《ふもと》に来て昼食をとった。そのとき、そこの山の神が白鹿に化して現れた。ヤマトタケルは食べ残した蒜《ひる》（野蒜《のびる》。ニンニクのような強い臭いのする野生のネギで、行者ニンニクとかアイヌネギと呼ばれるものと同種のユリ科ネギ属）の端を投げつけると、目に当たって白鹿は死んでしまった。実は、荒ぶる神の化身である白鹿は、この土地の豪族の守護神だった。

そして、「その坂に登り立ちて、三たび歎《なげ》かして『あづまはや』と詔《の》りたまひき。かれ、その国を号《なづ》けて阿豆麻《あづま》と謂《い》ふ」と『古事記』には記されている。「阿豆麻」

は「吾妻《あづま》」、つまり「わたしの妻」でオトタチバナヒメを指す。「はや」は深い悲しみを表す詠嘆の言葉である。そして、ヤマトタケルがこのように言ったことから、現在の関東地方のことを「あずま」というのだという。

また、『日本書紀』では群馬県と長野県の県境にある碓氷《うすい》峠《とうげ》に差し掛かったときに「吾嬬《あづま》はや」と言ったとされ、そこで碓氷峠より東の国を「吾嬬国」というのだと記されている。『古事記』では「あずま（関東）」は足柄山より東としているのに対して『日本書紀』では碓氷峠より東としている。ヤマトタケルの話は別として、中世以降、一般には碓氷峠を境として方言をはじめとする文化圏が分かれている。

碓氷峠と足柄山
（地理院地図Vectorを加工して作成）

オトタチバナヒメが浦賀水道で亡くなってから、ヤマトタケルが東国を平定して足柄に来るまでにどのくらいの日数が過ぎたかは定かではないが、少なくとも二、三ヵ月は経過していただろう。そして、当たり前のことかもしれないがその間、ヤマトタケルはずっと亡くなった妻のことを思い続けていたのである。そこにはヤマトタケルとオトタチバナヒメ夫婦の直向《ひたむ》きで清らかな夫婦愛を感じ取ることができないだろうか。

この話が史実ではないことは明らかであるが、前述したような純粋な夫婦愛を語ったところにこの話の真骨頂がある。ところが、明治以降の神話教育の中では妻が夫のために犠牲になったということだけが美談として讃えられた。それは単に賛美されたのみならず、妻は夫に絶対服従し、死をもっても尽くすべきであるという極めてアンバランスな理想的女性像を作り上げ、それを子どもたちに叩き込んだのである。

◆今も変わらぬ夫婦愛

この話の肝は極めてピュアな夫婦愛、男女の恋の情感にあるということができるだろう。そのことはオトタチバナヒメの辞世となった歌にも遺憾なく表されている。そして、亡き妻を思い続け「あづまはや」と言ったヤマトタケル。そこには相思相愛の二人の溢れんばかりの情感が光り輝いているのであり、これをもって女性に犠牲的精神を強要しようなどということはまったくもって本末転倒というべきである。

それはともかく、前述したような男女の純粋な「愛」の情感は現代人も十分に持ち合わせている。世界は古代から現代に至るまでに著しい変貌を遂げた。たった百年前の人間とわれわれ現代人は異次元の世界に生きている。その一方で、人間の心は変わらない。

見るなと言われれば見たくなる

——神たちの覗き見

見るなと言われると見たくなるのは昔も今も変わらない人間の本性である。黄泉《よみの》国《くに》（死者の国）を訪問した伊邪那岐命《いざなきのみこと》（以下、イザナキという）は妻の伊邪那美命《いざなみのみこと》（以下、イザナミという）にもう一度、現世に帰って国生みに励もうと誘う。これに対してイザナミは、「わたしは、もう黄泉国の食べ物を食べてしまいました。でもわざわざ訪ねてきてくださったので帰りたいと思います。黄泉国の神と相談しますから、その間、どうか姿を見ないでください」ときつく戒《いまし》めた。しかし、イザナキはその禁を破って覗いてしまう。そこにはたくさんのウジや八種の雷神がたかった醜いイザナミの姿があった。あれほど「見ないでくれ」と言ったにもかかわらず醜い姿を見られたイザナミは激怒して、黄泉国の醜悪で獰猛《どうもう》な手下を使ってイザナキを追ってきた。イザナキは這《ほ》う這《ほ》うの体《てい》で脱出することができたが、夫婦で再び国生みをしたいというイザナキの願いは潰えたのである（三九ページ参照）。「見るな」というタブーを犯して夢や希望が破れ、不幸になったという話は「鶴の恩返し」の民話がよく知られている（ただし、イザナキの場合は希望は潰えても、その後は天照大御神《あまてらすおおみかみ》〔以下、アマテラスという〕を生むなどの幸運を掴んだのだが……）。そして、このような物語の形式は「禁室型説話《きんしつがたせつわ》形式」と呼ばれ、世界各地の神話や伝説、民話の中に見られるのである。

「禁室型説話形式」は、海幸彦《うみさちひこ》（以下、ウミサチという）と山幸彦《やまさちひこ》（以下、ヤマサチという）の物語でも使われている。一〇二ページでも紹介した物語と、二人のその後を追いながら見てみよう。

◆龍宮へ行った山幸彦

日向《ひむか》（現在の九州南東部）の高千穂《たかちほ》の峰に降臨した天孫瓊瓊杵尊《てんそんににぎのみこと》（以下、ニニギという）は笠沙《かささ》の御前《みさき》で木花之佐久夜毘売《このはなのさくやびめ》と出会い、ニニギは一目惚れしてすぐに結婚した。

そして、生まれたのがウミサチとヤマサチの兄弟である。

あるとき、ヤマサチは兄に借りた釣り針を無くしてしまった（一〇三ページ参照）。代わりの針を受け取らず、あくまで元の釣り針を要求する兄の態度に困惑したヤマサチはどうしていいか分からず、一人海辺に佇んで涙を流していた。するとそこへ見るからに貧相《ひんそう》な老人がやって来て訳を尋ねた。老人の名は塩土老翁《しおつちのおじ》（以下、シオッチという）、日本の海の潮路を知り尽くした製塩の守護神である（一〇四ページ参照）。丹後半島の天橋立《あまのはしだて》近くに籠《この》神社という古社がある。ここがヤマサチとシオッチが出会ったという伝承の地である。

事情を聴いたシオッチは、無くした釣り針を捜す手助けをすることを約束してくれた。そして、近くの竹藪で切ってきた竹を編んで竹籠の舟を造り、目的地までの道のりを事細かに教えてくれた。舟に乗り込んだヤマサチは教えられた通りに海中の道を進んだ。すると、シオッチの言った通り、海底に色鮮やかな見事な建物が見えて

京都府／籠神社の本殿（提供：籠神社）

きた。龍宮である。

ヤマサチは龍宮の門の傍らの桂の木に登って中の様子を窺った。すると、侍女が桂の木の下の泉の水を汲みに来て、泉に映ったヤマサチの姿を認めた。侍女は慌てて龍宮の中に入って王女に事情を告げると、今度は王女が出て来てヤマサチの姿を確認するやいなや、踵《きびす》を返して龍宮の中に駆け込み、父に、木の上に大変高貴な姿の若者がいることを告げた。

父の名は海神《わたつみ》（『日本書紀』での表記。『古事記』では綿津見神《わたつみのかみ》。以下、ワタツミという）。日本の海の神の総元締めである。ワタツミは王女に、ヤマサチを中に入れるように言った。王女の名は豊玉姫命《とよたまびめのみこと》（以下、トヨタマビメという）。そして、初対面の二人はたちまち相思相愛の仲になり、結婚することになった。

ヤマサチは釣り針を捜しに来たことも忘れて幸せな結婚生活を送っていた。しかし、あるとき、地上の一件を思い出しては深い悲しみに沈んでいた。心配したトヨタマビメが父（ワタツミ）にそのことを告げると、ワタツミはヤマサチにその理由を問いただした。ヤマサチが訳を話すと、ワタツミは釣り針捜しに協力することを約束した。

ワタツミはすぐさま海中《うみじゅう》の魚を招集し、針の行方を尋ねた。すると、魚たちが先日来、鯛が口が痛くて苦しんでいると報告した。そこで、鯛を呼んで調べたところ、口の中に釣り針が刺さっており、それがヤマサチが無くした針であることが判明したのである。

ワタツミはヤマサチに針を渡し、ワニ（サメ）に地上まで送って行かせることにした。そして、釣り針とともに二つの珠《たま》を手渡した。一つは潮盈珠《しおみつたま》、もう一つは潮乾珠《しおふるたま》という。前者は海水を溢れさせ、後者は海水を乾上《ひあが》らせる珠で、要するに潮を自在に操ることのできる魔法の珠である。ワタツミはウミサチがもし無理難題を持ち掛けてヤマサチを責めるようなことがあったら、この二つの珠を操って兄を苦しめれば、三年もすれば兄は完全にヤマサチに服従するようになるだろうと言った。

そして、釣り針は必ず後ろ手で渡し、渡すときに「この鉤《ち》は、おぼ鉤《ち》、すす鉤《ち》、貧鉤《まぢち》、うる鉤《ち》（この釣り針は憂鬱になる釣り針、気持ちがいらいらする釣り針、貧しくなる釣り針、愚かになる釣り針）」という呪文をとなえよと教えた。

この話は「浦島太郎」に代表される「龍宮伝説」で、世界各地に点在する説話である。「浦島太郎」では、龍宮で過ごした数日間のうちに、地上では数百年の年月が過ぎていた。かつての面影はなく、知る人もいないことに落胆した浦島太郎は失意のうちに「決して開けてはならない」ときつく戒められていた玉手箱を開けてしまう。すると見る見るうちに白髪の老人になってしまった。これも禁室型説話の代表である。

◆呪文と珠で兄の海幸彦を従える

無事に地上に着いたヤマサチは、兄に後ろ手で釣り針を渡し、教えられた通りの呪文をとなえた。釣り針を受け取ったウミサチはだんだん貧しくなり、心が荒み八つ当たりをしてヤマサチを責め立てるようになった。そこでヤマサチは潮盈珠を取り出してウミサチを溺れさせた。苦しみに耐え兼ねたウミサチが助けを求めると、今度は潮乾珠で潮を引かせて助けた。

これを繰り返すうち、遂にウミサチは音を上げ、これからはヤマサチの守り人になって昼夜、忠実に仕えることを誓った。そして、ヤマサチは皇孫の正統を継ぐことになっ

隼人舞（提供：（一社）京田辺市観光協会）

たのである。また、ウミサチの子孫は九州の隼人《はやと》で、彼らが宮中で披露する「隼人《はやと》舞《まい》」は、ウミサチが溺れる様子を表すものである。

◆覗き見をした山幸彦

さて、トヨタマビメはすでに龍宮にいるときにヤマサチの子を孕《はら》んでいた。そして、ヤマサチを追って地上に行ったトヨタマビメは、そこで産屋を建てて出産に臨んだ。そのとき、産屋の屋根をウミウの羽で葺《ふ》いたが、屋根が葺き終わらないうちに生まれた。そこで、その子を鵜葺草葺不合命《うがやふきあえずのみこと》（以下、ウガヤフキアエズという）という。

「ウカ」や「ウケ」「宇賀《うが》」は食物、とくに穀物、米のことで、食物の神、農耕の神の性格を持っている。稲荷の祭神を宇迦御霊《うかのみたま》、あるいは「保食神《うけもちのかみ》」といい、伊勢の外宮の祭神は豊受大神《とようけのおおかみ》という。また、日本の土着の水神

である蛇神を「宇賀神《うがじん》」といい、すべて、「ウカ」「ウケ」「ウガ」の名を持つ食物神である。

また、海の神は水の神でもあり、水は稲などの植物の成長を助けることから五穀豊穣の神としても信仰されているのである。

トヨタマビメはお産のとき、「自分は元の姿になる。その姿を決して見てくれるな」とヤマサチに頼んだ。しかし、ヤマサチはお産の様子を覗き見し、トヨタマビメが大きなワニ（サメ）になってのたうち回っているところを目の当たりにした。ヤマサチは多いに驚いて逃げて行った。

◆山幸彦の御子神《みこがみ》

見られたことを知ったトヨタマビメは恥ずかしさの余り、ウガヤフキアエズを産み落とすとすぐさま龍宮に帰って行ってしまった。しかし、子どもと夫のことが気がかりで堪らない。そこで、妹の玉依姫命《たまよりびめのみこと》（以下、タマヨリビメという）に地上に行って二人の面倒を見るように言った。

ウガヤフキアエズは長ずると叔母のタマヨリビメと結婚し、五瀬命《いつせのみこと》（以下、イツセという)、稲氷命《いなひのみこと》(以下、イナヒという)、御毛沼命《みけぬのみこと》(以下、ミケヌという)、若御毛沼命《わかみけぬのみこと》、またの名を豊御毛沼命《とよみけぬのみこと》、そして、またの名を神倭伊波礼毘古命《かんやまといわれびこのみこと》(以下、イワレビコという)の四柱の皇子を生んだ。

末子のイワレビコが初代現人神《あらひとがみ》・神武《じんむ》天皇である。次男のイナヒは母の本国である海原に行き、三男のミケヌは常世《とこよ》の国(海の彼方にあるとされる異世界)に行ってしまった。そして、イツセはイワレビコとともに東征に向かったが、現在の大阪湾のあたりで矢に当たりそれが元で戦死した。

また、神倭伊波礼毘古命は神武天皇の和風諡号《わふうしごう》で「神」は尊称、「倭」は大和《やまと》、「伊波礼」は奈良県桜井市から橿原《かしはら》市にかけての古い地名、「毘古」は「彦」と同じで男性に対する美称である。

◆「禁室型説話」に学ぶこと

黄泉国《よみのくに》で、見るなと言われたイザナミの醜い姿を見たイザナキは、その後、アマテラスをはじめとする「三貴子《みはしらのうずのみこ》」を生んで大いに喜んだ。ヤマサチもウガヤフキアエズが生まれ、ウガヤフキアエズの子の神武天皇が皇孫の正統を継いだ。この二者にはタブーを破っても良い結果がもたらされたのである。

しかし、「鶴の恩返し」などの民話や世間一般の現実は、タブーを破れば必ず災いや不幸が訪れるというのが通り相場である。記紀の中では「言挙《ことあげ》」のタブーを破ったヤマトタケルが、神罰が下って最後には非業の死を遂げている。「言挙」とは「言葉に出して言い立てること」という意味。言葉には霊力が宿ると考えられており、不要な言挙げは不吉でタブーであるとされていた。ヤマトタケルが伊吹山の神を討ち取りに出かけたとき、山のほとりで出会った白い猪を見て「これは神の使者だから帰りに退治しよう」と言挙した。しかし、これが使者ではなく神自身だったので、ヤマトタケルは神の祟りに遭い死んでしまったのだ。

人間は誰しも自由を求め、束縛を嫌う。だから、ある行為を禁止されるとそれを破ろうとする。自由を侵害され束縛されることに対する防衛反応が働くのだろう。だから、「見るな」と言われれば見たくなり、「するな」と言われれば禁止された行為を実行に移したくなるのである。

私が学生の頃、通学路にショーウィンドーの中に亀を飼っている商店があり、そのショーウィンドーのガラスには「ガラスを叩かないでください」という張り紙が貼ってあった。そして、その張り紙を見た人の多くはガラスを叩いていくのである。「叩くな」と言われると叩きたくなるのが、今も昔も変わらない人間の心理なのである。また、「壁に耳あり障子に目あり」「人の口に戸は立てられぬ」という諺がある。「言ってはいけない」と言われると言いたくなるのが人の世の常である。過去の歴史の中でも、謀反の計画がどこからか明るみに出た例は枚挙に遑《いとま》がない。秘密はどこからか漏れ出すのである。

信頼の置ける人間に「ここだけの話」として語ったことがいつの間にか多くの人に広まっているということは誰しも経験があるのではないだろうか。秘密には価値がある。その価値のある秘密を摑んだものにはある種の優越感があると同時に、その秘密をごく限られたものと共有したいという願望もある。吉田兼好の『徒然草』でも「おぼしき事言はぬは腹ふくるるわざ」であると言っているように、人は知っていること、摑んだ情報を自分の胸のうちにしまっておくことができないという本性を持っている。それで「言うな」と言われたことも我慢が出来なくなってしまう。すると、「口は禍《わざわい》の元」といわれるように、さまざまな禍が降りかかってくるのである。それが国家機密のような重要な秘密であれば命に関わることもある。

昔も今も変わらない嫉妬心
――イワノヒメ、清姫《きよひめ》の嫉妬

『古事記』の仁徳《にんとく》天皇の件《くだり》に「その大后石之日売命《いわのひめのみこと》（以下、イワノヒメという）、いたく嫉妬したまひき」とある。ここでは「嫉妬」と書いて「うわなりねたみ」と読ませている。「うわなり」とは「後」という意味で、「後妻」を表し「嫐」という字がある。つまり「うわなりねたみ」とは離縁された先妻が後妻を恨むことである。

◆「聖帝《せいてい》」も美人には目がなかった

第十六代・仁徳天皇は第十五代・応神《おうじん》天皇の皇子で、民を思いやり仁政を敷いたことで知られている。高みに登って国の様子を視察したとき、民の家々から竈《かまど》の煙が上がっていないのを見て民が困窮していることを知り、三年間税金や労役を免除した。自らも質素倹約に励んで、御所の屋根が破れて雨漏りがひどくなっても決して修繕しなかった。そして、三年後には竈の煙も勢いよく上がって民も豊かになった。これを見て税金や労役を再開したのである。世の人々は「聖帝の世」といってその徳を称えたという。

その一方で仁徳天皇は美人には目がなく、美しい女性がいると聞けばすぐさま呼び寄せて後宮に入れた。これに対して正室《せいしつ》（正妻）のイワノヒメは常に激しい嫉妬の念を抱いたという。この場合、先妻にあたるのはイワノヒメだが、イワノヒメは正室である。この時代は一夫多妻だったので正室と側室とのいわゆる「三角関係」、仁徳天皇の場合には四角関係、さらには五角、六角関係……にまで発展した。

◆嫉妬に駆られた皇后

あるとき、天皇は吉備国《きびのくに》（現在の岡山県の一部）の黒日売《くろひめ》という女性が容姿端麗であると聞いて、宮中に召し出そうとした。それを知ったイワノヒメは地団駄を踏んで嫉妬した。黒日売は皇后の嫉妬を恐れて宮中に近づくことができずに吉備国に逃げ帰った。そこで、天皇は高台《たかどの》にいて、出て行く船を望み見て歌を作った。すると、それを知ったイワノヒメは烈火のごとく怒り、使者を吉備国に遣わして黒日売を追い払った。

その後、天皇はイワノヒメの知らない間に応神天皇の皇女である八田若郎女《やたのわきいらつめ》（以下、ヤタノワキという）を宮中に召し入れた。ちょうどそのころ、イワノヒメは新《にい》嘗祭《なめさい》の宴席で酒を入れる器にする御綱柏《みつながしわ》という植物の葉を摘みに紀伊国《きいのくに》に出かけており、天皇は皇后の留守をいいことにヤタノワキと昼夜を問わず遊び戯《たわむ》れていた。

それを聞いたイワノヒメは大いに怒り、船いっぱいに摘み取った御綱柏の葉をすべて投げ捨て、宮中には戻らずにしばらく山城国《やましろのくに》（山代《やましろ》、現在の京都府）の辺りに留まった。これを聞いて驚いた天皇は使者に歌を託したが、イワノヒメの怒りは収まらず宮中には戻らなかったという。『日本書紀』には万策尽きた天皇は遂にヤタノワキを正式に皇后としたとある。妻の機嫌を取るために甘言《かんげん》を弄《ろう》するのは今でも亭主族の常套手段であるが、なかなか上手くいかないのも変わらぬ現実のようだ。

また、仁徳天皇とヤタノワキの父は同じく応神天皇で二人は異母兄妹の間柄である。当時は一般に同父母兄妹（姉弟）の結婚はご法度だったが、異父母兄妹（姉弟）の間の結婚は許されていた。とはいうもののまさかと思っていた相手に夫が恋慕《れんぼ》したことに対するショックと怒りは計り知れないものがあるだろう。

このほかにも仁徳天皇は数々の女性を見染めては宮中に召し入れ、皇后のイワノヒメの不興《ふきょう》を買った。政治的には「聖帝」と称えられた仁徳天皇も、女性問題では光源氏や在原業平《ありわらのなりひら》に肩を並べる達者ぶりを見せたようである。また、仁徳天皇と皇后イワノヒメの話は歌物語の形式をとって多くの歌が交わされている。山代に逃れたイワノヒメ（皇后）に、鳥山という使者を送って次のような歌を託した。

山代に　い及《し》け鳥山　い及けい及け　我が愛《は》し妻に　い及き遇はむかも

「鳥山」とは、使者を、空を飛んで速く駆ける鳥にたとえた名と考えられている。「及」は「及ぶ」、つまり、追いつくこと。つまり、愛しい妻に一刻も早く追いついてくれという切なる望みを託した歌である。そして、さらに他の使者に歌を託し、「せめてイワノヒメが心の中だけでも私のことを思っていてくれないだろうか」とイワノヒメに対する愛惜の念を見栄も外聞もなく極めて率直に吐露している。

先にも述べたように仁徳天皇は「聖帝」の誉れ高い天皇である。「聖帝」とは中国の神話に登場する堯《ぎょう》・舜《しゅん》のような理想的な君主で、聖人の中の聖人のことである。元来、感情になどまどわされないはずの聖人が脆《もろ》くも正妻に対する愛惜《あいせき》の念に動揺し、狼狽《うろた》える姿はいかにも滑稽で、まるでコントを見ているような感がある。しかし、一方では「聖人君子《せいじんくんし》」といえども同じ人間であることを知ってほっと安堵する。

また、『日本書紀』にはその後、仁徳天皇自身が山代に出向き歌を贈って皇后に会ってくれるよう懇願したが、皇后は遂に会えなかったと記されている。あの手この手を使っても皇后の嫉妬と怒りを鎮めることはできなかったのだ。天皇という絶大な権力をもってしても人間、とりわけ女性の情は御し難かった。多くの女性に情を注いだ仁徳天皇も結局、二兎を得ることはできなかったのである。

◆うわなり打ち

先にも述べたように「うわなり」とは「後妻」のことである。そして、「うわなり打ち」とは離縁された先妻が後妻（うわなり）のもとに押し掛けて実力行使をするものだ。平安時代からそのようなことが行われており、平安時代後期の藤原道長《ふじわらのみちなが》の日記である『御堂関白記《みどうかんぱくき》』や同時代の『宝物集《ほうぶつしゅう》』などにも「うわなりうち」のことが記されている。その後は鳴を潜めたようだが、江戸時代になると復活して規模も大きくなり幕府も容認していたようである。

とくに武家の間で行われ、先妻が後妻や愛人宛てに何月何日に参上するから覚悟して待つようにとの書面を届ける。当日は双方とも盛装をして襷がけに鉢巻を締め、先妻は竹刀や木刀を手にして後妻方に乗り込む。このとき、台所から乗り込むのが決まりだという。そして、打ち合いが始まるのだが、双方が鬱憤《うっぷん》を晴らしたら、ケガ人が出る前に、あらかじめ決められていた仲裁人が入って終了させる。

江戸時代にはこのような「うわなりうち」が世の話題となり、元禄一二年（一六九九）には初代・市川團十郎の主演で歌舞伎「嫐（うわなり）」が

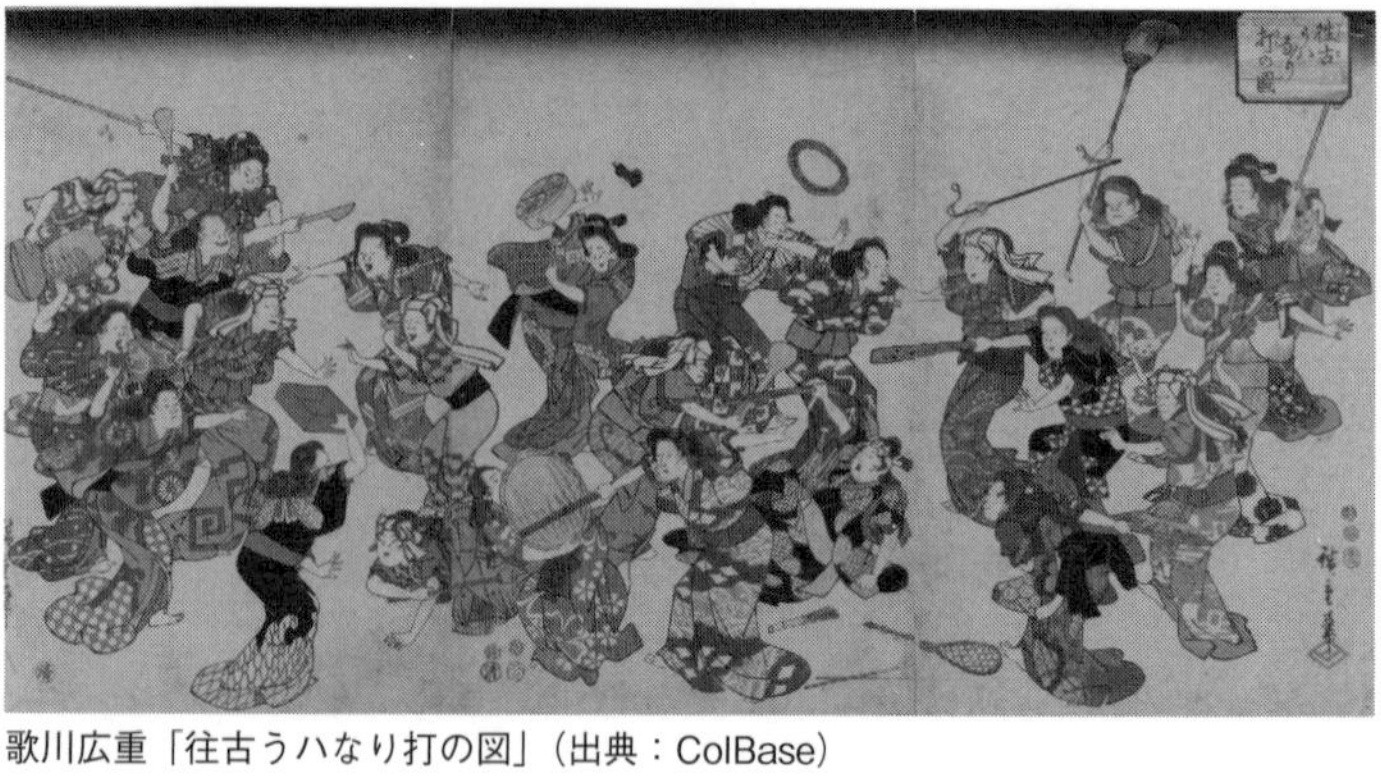

歌川広重「往古うハなり打の図」（出典：ColBase）

上演され、その後、「嫐」は歌舞伎十八番の演目にもなっている。この話は次のようなものだ。落ち込んだ岩穴の中に甲賀三郎《こうがさぶろう》*の屋敷があり、そこに三郎の愛人、みな月がいた。久々に会った二人が蚊帳《かや》の中で秘め事をしているところに、三郎の娘の呉竹が現れる。呉竹には亡くなった三郎の先妻の霊が取り付いており、激しく嫉妬して修羅場《しゅらば》を演じるというものである。

「火事と喧嘩は江戸の華」といわれたように江戸時代、とりわけ江戸のような大都市の住人は常に何か事件が起こることを期待していた。これは太平の世が続いたためでもあるようだ。

人間の本性は太古の昔から変わらない。しかし、今は江戸時代の「うわなりうち」のように竹刀や木刀を携えて後妻の家に乗り込めば凶器準備集合罪で逮捕されてしまう。ただ、新たに恋人ができた夫が離縁を求めても、妻が生涯にわたって離婚届に判をつかないというケースは多々あるようだ。現代版「うわなりうち」である。

＊　甲賀三郎
長野県の諏訪《すわ》に伝わる伝説上の人物。地底の国に迷い込んで蛇となって帰還し、諏訪の神となっ

たといわれている。

◆龍と化した清姫

紀州《きしゅう》（現在の和歌山県）の道成寺《どうじょうじ》には安珍《あんちん》・清姫にまつわる次のような伝説が伝えられている。

奥州《おうしゅう》（現在の東北地方）の僧・安珍が熊野詣《くまのもうで》の途中、牟婁郡真砂荘《むろぐんまさごのしょう》（現在の和歌山県田辺市中辺路《なかへち》）で、庄司の家に一夜の宿を求めた。庄司の娘の清姫は抜けるような好男子の安珍に懸想《けそう》し、寝床にまで押しかけて交際を迫る。出家の身である安珍はそれには応じられないと断るが、清姫は諦めない。そこで、一計を案じた安珍は熊野詣の帰りにまた立ち寄って願いを聞くことを約束して、取り敢えずその場を切り抜けた。

しかし、参詣を済ませた安珍は清姫の家には立ち寄らずにそのまま奥州に帰ろうとした。これを知った清姫は血相を変えて安珍を追いかけ、途中、着物や履物を脱ぎ捨て、川を渡るときには大蛇と化した。追っ手に気づいた安珍は道成寺に逃げ込み、住職の機転で梵鐘《ぼんしょう》の中に匿《かくま》われた。しかし、すぐに追いついた清姫は梵鐘に巻き付き、口から火を吐いて安珍を焼き殺し、自分も川に飛び込んで死んでしまった。

その後、畜生道《ちくしょうどう》（六道《ろくどう》の一つ。悪行の報いとして死後生まれ変わる世界）に堕ちた二人は道成寺の住職のもとを訪れて供養を願い出る。住職が『法華経《ほけきょう》』を書写《しょしゃ》すると、その功徳によって二人は成仏し、今度は天人の姿になって住職の夢枕に立った。実は二人は熊野権現と観音菩薩の化身であったという。

この話は道成寺の縁起を綴った『道成寺縁起』（重要文化財）に記されているが、同類の話は『大日本国法華験記《ほっけげんき》』や『今昔物語集』にも見える。要するに『法華経』の功徳を説いた話で、能や歌舞伎、人形浄瑠璃の題材になり、いわゆる「道成寺物《もの》」として人気を博してきた。

『法華経』は「女人成仏《にょにんじょうぶつ》」を説く経典として、とりわけ女性の間で絶大な支持を得てきた。元来仏教では、女性は煩悩（欲望）が強く嫉妬深い*など五つの障害（五

障）があるため成仏できないと考えられていた。しかし、『法華経』の「提婆達多《だいばだった》品《ぼん》」には八歳の龍女《りゅうにょ》が『法華経』を聞いて突如として成仏したと説かれている。「龍女」とは古くからインドに広く分布していた龍（ヘビ）の信仰を持つ部族の女性という意味で、龍族は自らの信仰に固執して仏教に帰依しようとしなかった。従って、成仏できないと考えられていた。また、仏教では理解力のない子どもも成仏できないと考えられていた。

つまり、「八歳の龍女」は子どもであること、龍族であること、女性であることによって、成仏できない三拍子がそろっていた。しかし、『法華経』ではその八歳の龍女が成仏できることを明言したのである。このことは仏教史上、画期的なことで、新たに多くの女性信者を獲得した仏教は、飛躍的に発展することになった。

＊　女性は煩悩（欲望）が強く嫉妬深い

女性差別的な響きがあるが、これは仏教における歴史的な見解であって、著者の見解ではないことをお断りしておく。

◆人の心を救うもの

人間の煩悩の中で最も手に負えないのが愛欲である。清姫の凄まじい情念はひとり説話の話にとどまらない。現代でも情欲の炎を燃やして愛する人を求める人間は後を絶たない。そして、愛は終いには怒りや憎悪に代わり、刃傷沙汰《にんじょうざた》になるというケースも間々あるようだ。そんな不条理の中で悶絶する人間を瞬時に救ってくれるのが『法華経』であるという。

一八世紀にイギリスで産業革命が起こって以来、科学技術が長足の進歩を遂げ、社会は物理的には大きく変わった。しかし、今後、ＡＩ万能の時代になっても人間の本性には大きな変化は見られないだろう。恐らく人類は滅亡するまで制御しがたい感情に悩む。そんな不条理を解消してくれるのが宗教なのかもしれない。

近代の西欧の合理主義は宗教を排斥して科学万能の世界を構築してきた。この状況をとらえて哲学者のニーチェは「神は死んだ」と言ってのけた。一方でドストエフスキーは『カラマーゾフの兄弟』の中で「神がいなければ、すべてが許される」と言った。人間を超越した何か絶対的な真理や愛、基準がなければ世の中の秩序を保つことは不可能であると考えた。

ニーチェの言葉に反して今も宗教は健在である。そして、恋いこがれるものに対する情念やそれに起因する葛藤はＡＩや心理学ではとうてい解決することができない。何らかの解決に導いてくれるのはやはり宗教や哲学の力なのである。安珍・清姫の悲劇は他人《ひと》ごとではない。人間は誰しも本性として、程度の差はあってもそんな悲劇を引き起こす可能性を持っている。そんな悲劇の渦中に立ち入ったとき、『法華経』の功徳の話は大きな救いとなるのではないだろうか。

神代にも身内を庇った
——アマテラスとスサノオ

普段はいがみ合っていても、やはり身内はかわいいものである。とくに日本人の場合はいわゆる「一つ釜の飯を食った仲（四一ページ参照）」は身内と見なし、血縁関係がなくても会社や学校などの仲間は身内と見なして手厚く庇う傾向が強い。もっともこれは日本人ばかりではなく人間の本性といえるだろう。

◆スサノオを庇ったアマテラス

凄まじい轟音と共に高天原《たかまがはら》に昇って来た須佐之男命《すさのおのみこと》（以下、スサノオという）に対して、姉のアマテラスは高天原を乗っ取りに来たものとの疑いを抱く。スサノオはこれを否定するが、アマテラスの疑いは解けない。そこで、スサノオの提案で誓約《うけい》をして、身の潔白を証明することになった（一〇六ページ参照）。その結果、スサノオが誓約に勝利して身の潔白は証明される。そして、勝利の歓喜に酔い痴れたスサノオは有頂天になって増長し、高天原であらん限りの乱暴狼藉を働き始めたのである。

まず手始めにスサノオは、アマテラスが米を作る神聖な神田《かんだ》の畔《あぜ》を壊し、水が行き渡らないようにした。さらに、アマテラスが新嘗祭《にいなめさい》のときに新穀《しんこく》を食べる神殿に密かに入り込み、大便をして神聖な場所を汚した。

この蛮行に対してアマテラスは、弟が田の畔を壊したりしたのは土地の区画整理を行って有効に利用しようとしたのであろう。また、神殿に撒き散らした大便のように見えるものは弟が酒に酔って反吐を撒き散らしたのだろう、と言ってあくまでもスサノオを庇った。

そのようにアマテラスが忠告もしないで庇い続けているうちに、スサノオの乱暴狼藉はますますエスカレートしていった。そして、アマテラスが神聖な機屋《はたや》で服織女《はたおりめ》（神聖な機を織る聖女）に神御衣《かむみそ》（神の衣服）にする布を織らせていたとき、機屋の屋根に穴を開けてまだら毛の馬の皮を生剝ぎにして放り込んだ。これに驚いた服織女は機織りの杼《ひ》（横糸を通す舟形を平たくした道具）でホト（女陰《じょいん》）を突いて死んでしまった。これにはアマテラスもいくら身内でも庇い切れなくなり、恐れをなして遂に岩《いわ》屋戸《やど》の中に隠れてしまったのである（一一三ページ参照）。

◆スサノオが犯した重罪

古くから天津罪《あまつつみ》、国津罪《くにつつみ》という罪が定められており、六月三〇日と一二月三一日に、それまでの罪穢《けが》れを祓《はら》い清める「お祓い」の祝詞《のりと》にもその罪が挙げられている。そして、天津罪は記紀に記されているスサノオの高天原での罪を列挙しており、その中に神田の畔を壊した「畔《あ》放《はなち》」、生きた馬の皮を剝いだ「生剝《いきはぎ》」の罪などが挙げられている。

中でも「生剝」の罪は重罪中の重罪で、「畔放」などまでは何とか我慢してスサノオを庇っていたアマテラスも、「生剝」に及んで限度を超えたのだろう。今も各

地の由緒ある神社には「神馬《しんめ》」が奉納されていることからも分かる通り、古くから馬は神の乗り物として神聖視されていた。そのような神聖な馬の皮を生きながらにして剝ぎ取るという残忍な仕業はあり得ない悪行だったのである。

また、白や栗毛、黒という単色の神馬が一般的で、とくに白馬は尊ばれたようである。いっぽう、まだら毛、すなわち白黒などの斑の馬は、何か不吉な色合いだったようだ。そのような不吉な馬の血の滴る皮が、天井から降って来るのだからたまらない。スサノオの暴行は、アマテラスの忍耐の限界をはるかに超えてしまったのである。

ところで、スサノオの高天原での乱暴狼藉の話は記紀ともに伝えている。しかし、アマテラスがスサノオを庇った話は『古事記』だけに記されている。この点から見ても『古事記』は人の心の実体、本性をよく伝えていることが分かるだろう。一五一ページでも述べたように、ヤマトタケルとオトタチバナヒメとの間で贈答されたという、夫婦愛を情感豊かに表現する歌が『古事記』のみに見えるのもそのような事情による。ここに本居宣長《もとおりのりなが》が『古事記』にこそ日本人の心がよく表されているといって絶賛した理由があるといえるだろう。

◆身内を庇うのは人間の本性

血縁者や身内を庇うというのは日本ばかりではなく世界共通に見られる人間の本性である。とりわけ、日本では血縁の一族や共同体の結束が強く、その傾向が顕著である。

大化の改新（六四五年）以降、身分制度が厳格に定められると、天皇家を中心とする皇族や貴族に著しい特権が認められるようになった。たとえば、当時すでに官《かん》吏《り》養成のための大学が設置され、役人になるためには大学を出ることが条件だった。しかし、位の高い貴族に関しては、大学を出なくても官吏（役人）になることができた。これは明らかに天皇家を中心とした血縁を最優先する制度で、その根底には身内を大事にするという感情的な側面があることはいうまでもないだろう。

このような身内重視の根性は現代社会でも健在で、政治家に二世、三世議員が多いのもその表れである。現在、国会議員の約3割は世襲議員で、今も増加傾向にあるという。だから、彼らが不祥事を起こすと親が庇って見苦しいもみ消しをする。そんな連中が国家運営をしているのだから国民はたまったものではない。

また、会社や役所などで不祥事が起きると組織ぐるみで隠蔽したり当該人物を庇ったりする。先にも述べたように日本では古来「同じ釜の飯を食った」仲間は同族と見なして結束する傾向が強い。だから、普段はライバル関係になって反目しあっていても、矛先が組織全体に向けられると一丸となって防衛線を張るのである。このような甚《はなは》だしく公正を欠いた行為によって無辜《むこ》の第三者が不利益を被ることは火を見るよりも明らかである。

残念ながらこれが人間の本性で、今後もこのようなことは無限に繰り返されるのだろう。

神も子の親
――オオクニヌシの意外な現代的父親像

戦後は民主憲法の下、万人の平等が謳われた。しかし、昭和三〇年代ごろまでは、家庭内で父親の意向には絶対に逆らうことができないとされた家父長制的風潮は依然として残り、いわゆる「亭主関白」を標榜《ひょうぼう》する男たちが気を吐いていた。

記紀の中でも家長が圧倒的な力を持っているが、大国主神《おおくにぬしのかみ》（以下、オオクニヌシという）だけは例外的に民主的な父親像を示している。

◆息子の意見を尊重したオオクニヌシ

ある時アマテラスは、高天原《たかまがはら》から下界を見下ろして「豊葦原水穂国《とよあしはらのみずほのくに》も天神《あまつかみ》が治めるべきである」と言い出した。豊葦原水穂国とは、「みずみずしい稲の豊かに実る国」

という意味で、日本の美称である。

記紀の神話の中での高天原（天界）は天皇家の領土、地上の水穂国は他の豪族（氏族）の領土を指す。つまり、アマテラスは「他の豪族の領土も天皇家（大和《やまと》政権）が治める（知らす）べきである」と言って、使者を遣わして国神《くにつかみ》の総元締めであるオオクニヌシと交渉させた。

しかし、交渉役として派遣された天菩比神《あめのほひのかみ》（『古事記』での表記。『日本書紀』では天穂日命《あめのほひのみこと》）と天若日子《あめのわかひこ》（『古事記』での表記。『日本書紀』では天稚彦《あめのわかひこ》）は、ともにオオクニヌシに懐柔されてしまい、役に立たなかった。

そこで最後の切り札として強面の建御雷神《たけみかづちのかみ》（『古事記』での表記。『日本書紀』では武甕槌神《たけみかづちのかみ》。以下、タケミカヅチという）を遣わした。出雲国の伊那佐《いなさ》の小浜《おばま》に降り立ったタケミカヅチは、剣の切先の上に胡坐をかいて、凄まじい勢いでオオクニ

ヌシに国を譲るように迫った。

これに対してオオクニヌシは「僕《あ》は得白《えもう》さじ。我が子八重言代主神《やえことしろぬしのかみ》（以下、コトシロヌシという）、これ白すべし。然るに、鳥遊《とりのあそび》・取魚《すなどり》して、御大《みほ》の前《さき》に往きて未だ還り来ず」と答えた。つまり、自分の一存では決められないので、息子のコトシロヌシに聞いてくれというのである。

そこで、天鳥船神《あめのとりふねのかみ》を遣わし、御大《みほ》の前《さき》（現在の島根県松江市美保関《みほのせき》）で魚釣に興じていたコトシロヌシを呼び寄せた。そして、タケミカヅチが国譲りを迫ると、コトシロヌシは「恐《かしこ》し。この国は天つ神の御子《みこ》に立奉らむ（かしこまりました。この国はアマテラスの御子に差し上げましょう）」と言って青柴垣《あおふしがき》（青葉で組んだ垣）の中に入って海中に籠ってしまった。

◆諏訪《すわ》まで追い詰められたタケミナカタ

そして、タケミカヅチはコトシロヌシのほかに意見を聞かなければならない子はいないのかと、オオクニヌシに念を押した。これに対してオオクニヌシはもう一人、弟の建《たけ》御《み》名《な》方神《かたのかみ》（以下、タケミナカタという。『日本書紀』には登場しない）という神がいると答えた。すると、その話を聞きつけたタケミナカタが千引《ちびき》の石《いわ》（千人でやっと引くことのできる大きな石）を差し上げてやって来て、私の国にやって来てひそひそと国譲りの話をしているのは誰だ、力比べをして勝ったら国を授けようと言って、互いに腕をつかみ合った。

しかし、タケミカヅチの凄まじい力でタケミナカタの腕は葦の若葉のように握りつぶされてしまった。これに恐れをなしたタケミナカタは逃げ出し、タケミカヅチは猛然と追いかけた。タケミナカタは信濃国（現在の長野県）の諏訪湖まで追い詰められた。このときタケミナカ

長野県／諏訪大社（提供：諏訪地方観光連盟）

タは、自分は未来永劫にわたって諏訪の地を離れないから命だけは助けてくれと命乞いをした。そして、父のオオクニヌシの命令にも背かないことを誓った。そこで、タケミカヅチに許されたタケミナカタは諏訪の地に定住することになった。これが諏訪大社の起源である。

このようにオオクニヌシは国譲りという重要な場面で二人の子どもの意見を尊重し、まるで現代の父親のような態度を見せている。しかも、ここでは子どもたちと相談するのではなく、「僕が子等二の神の白すまにまに僕も違はじ。この葦原中国《あしはらのなかつくに》は命のまにまに既に献らむ（私も二人の子どもたちの意見と相違ありません。この葦原中国はあなたに献上いたしましょう）」と言って子どもたちの意見に賛同しているのである（「葦原中国」は「豊葦原水穂国」と同様に、日本の国土を表す名称）。

◆なぜ二柱の神だけの意見を聞いたのか？

オオクニヌシには百八十柱《ももやそはしら》の御子神《みこがみ》（非常にたくさんの子ども）がいたとされている。しかし、この話にはコトシロヌシとタケミナカタの二柱の子どもしか登場しない。タケミカヅチがコトシロヌシのほかに意見を聞くべき子どもはいないのかと念を押したときにも、もう一人タケミナカタがいると答えただけで、他の多くの御子神には全く触れていない。

　このことは、コトシロヌシが鎮まった美保関と、タケミナカタが鎮まった信濃に関係があるのではないだろうか。島根半島の東端に位置する美保関（御大の前）は古くから海上交通の要衝で、朝鮮半島などとの交易港としても栄えていた。また、出雲は早くから産鉄地帯として知られ、この地で製錬された鉄の輸出港としても繁栄していた。さらに室町時代には幕府の直轄地となり、江戸時代には北前船《きたまえぶね》の寄港地として多くの廻船問屋《かいせんどんや》が軒を連ねていた。

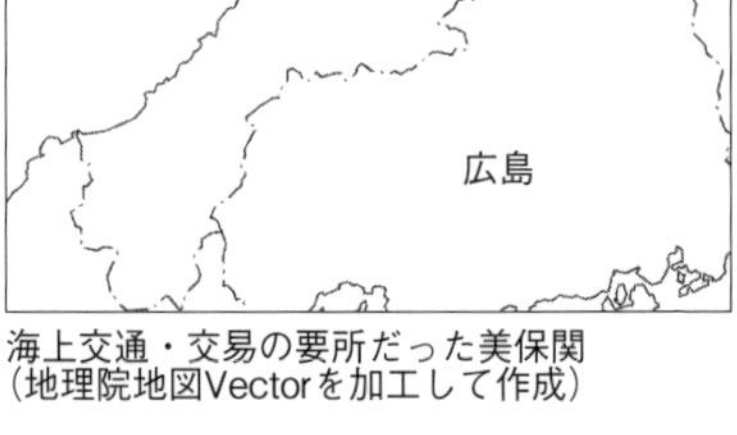

海上交通・交易の要所だった美保関
（地理院地図Vectorを加工して作成）

　また、信濃も早くから大和朝廷が注目した土地で、ヤマトタケルが東国遠征の折に信濃を平定したことも伝えられている。タケミナカタは『日本書紀』には記述がなく、諏訪大社の祭神ももともと「ミシャグジ」と呼ばれる石神《いしがみ》信仰を背景にしたいわゆる「地主神」だった。百八十柱いるというオオクニヌシの神裔《しんえい》（子孫）にもタケミナカタの名は見えず、もともとオオクニヌシとは関係のない神だったと考えられている。

記紀はアマテラスの血筋を引く天皇家の正統性をアピールするために作られたものである。だから、海上交通の要衝で朝鮮半島との交易の拠点だった美保関と中部地方の重要地点だった信濃について、コトシロヌシやタケミナカタとタケミカヅチのストーリーを作って、大和朝廷が平定したことを強調したのではないだろうか。それで、オオクニヌシ自身が答えないで、わざわざその土地の当事者と目される二柱の息子に意見を聞くという演出が見られるのである。

［著者］瓜生 中（うりゅう・なか）
1954年、東京都生まれ。早稲田大学大学院（東洋哲学専攻）修士課程修了。仏教や神道、日本の歴史の研究を行う。執筆活動、講演活動のほか、facebookやブログなどさまざまな媒体を通して日本の歴史や文化について発信している。主な著書に『知っておきたい日本の神話』『知っておきたい日本人のアイデンティティ』『知っておきたい仏像の見方』『よくわかる山岳信仰』（以上、角川ソフィア文庫）、『知識ゼロからの富士山入門』（幻冬舎）などがある。

日本《に》《ほん》神話《しん》《わ》がわかる　神々《かみ》《がみ》のくらし　The New Fifties

2021年12月21日　第1刷発行

著　者　瓜生《うりゅう》 中《なか》

KODANSHA

発行者　鈴木章一
発行所　株式会社 講談社
〒112-8001　東京都文京区音羽2-12-21
電話　編集　03-5395-3560
　　　販売　03-5395-4415
　　　業務　03-5395-3615

印刷所　株式会社新藤慶昌堂
製本所　株式会社若林製本工場

ISBN978-4-06-526521-5
N.D.C.164　191p　19cm